RESILIENZA

Una guida completa, pratica ed efficace per combattere lo stress, controllare le tue emozioni e vivere serenamente

**2 Libri in 1:
Autodisciplina e Abitudini Positive**

Vincenzo Colombo

Copyright 2020 – Vincenzo Colombo.

Sommario:

LIBRO 1: AUTODISCIPLINA

INTRODUZIONE 8

COS'È L'AUTODISCIPLINA? 12

PERCHÉ È IMPORTANTE SVILUPPARE L'AUTODISCIPLINA AL GIORNO D'OGGI? 21

COSA CONDIZIONA IL COMPORTAMENTO UMANO? 27

COME ACQUISIRE UNA MAGGIORE AUTODISCIPLINA 38

I VANTAGGI DELL'AUTODISCIPLINA NELLA VITA PERSONALE E LAVORATIVA 79

LETTURE CONSIGLIATE 93

CONCLUSIONE 100

LIBRO 2: ABITUDINI POSITIVE

INTRODUZIONE: CHE COS'È UN'ABITUDINE?........106

I BENEFICI DELLE ABITUDINI POSITIVE E POTENZIANTI..................110

COME AUMENTARE LA PROPRIA MOTIVAZIONE, ENERGIA E VOGLIA DI FARE.........119

L'IMPORTANZA DELL'IMMAGINE DI SÉ PER FORMARE ABITUDINI DURATURE ED EFFICACI..137

COME FORMARE UN'ABITUDINE DA ZERO E MANTENERLA NEL TEMPO..........150

COME COSTRUIRE UN RITUALE MATTUTINO PER SVILUPPARE DISCIPLINA E POSITIVITÀ DURANTE LA GIORNATA..................163

COME RIMUOVERE ABITUDINI NEGATIVE E DE-POTENZIANTI..................180

L'ATTITUDINE DELLE PERSONE DI SUCCESSO VERSO LA VITA..................197

CONCLUSIONE..................216

CONSIGLI DI LETTURA..................218

Autodisciplina

L'arte e la scienza della disciplina: come sviluppare autocontrollo, resistere alle tentazioni e raggiungere tutti i tuoi obiettivi

Vincenzo Colombo

Copyright 2020 – Vincenzo Colombo.

Tutti i diritti riservati.

Introduzione

"Il prezzo della disciplina è nulla rispetto al prezzo del rimpianto." - Robin Sharma

Quella bella fetta di torta al cioccolato è lì sul tavolo e sembra aspettare solo te: hai sempre avuto un debole per i dolci e forse è proprio questa la causa dei tuoi chili di troppo; ma questa volta la dovrai lasciare a qualcun'altro, perché proprio ieri hai preso una decisione ferma, irrevocabile ed hai scelto di metterti a dieta fino a quando non avrai recuperato il tuo peso forma ideale, costi quel che costi, dovessi rinunciare ai dessert ed ai cibi grassi per mesi e mesi. Certo, c'è da dire che questo proposito "ferreo" di riconquistare la linea si ripresenta ogni anno a scadenze regolari e, ad essere del tutto onesti, non riesci mai a rispettarlo per più di un paio di settimane. Come dici? Cosa sarà mai una piccola fetta di torta? Sei convinto che non sarà di certo questa la causa del fallimento della tua dieta? Ti sei tenuto leggero a pranzo mangiando solo verdure al vapore e gallette, un piccolo dessert ritieni di essertelo più che guadagnato, di potertelo concedere: lo brucerai allenandoti più intensamente durante la prossima settimana. Ne sei sicuro? Nella stringente dieta che avevi promesso di seguire, era contemplata la torta al cioccolato?

Alla fine hai ceduto e ti sei mangiato la fetta di torta. Ed alla dieta penserai domani, dopo domani...oppure il mese prossimo!

Ti sembra una scena famigliare? Quante volte, magari in coincidenza con l'inizio del nuovo anno, hai stilato una lunga lista di buoni propositi ed obiettivi che poi non sei riuscito a rispettare? Mettersi a dieta, iscriversi in palestra (e poi andarci sul serio), essere più produttivo sul lavoro, svegliarsi prima la mattina, leggere qualcuno dei libri accatastati sul comodino: sono molti i cambiamenti positivi che vorresti apportare alla tua vita per migliorarla. Nel momento in cui prendi questi impegni con te stesso ti sentiamo incredibilmente motivato e perfettamente in grado di portarli a termine con successo, ma ti accorgi, poco tempo dopo, di non avere la forza di volontà e la costanza necessarie per riuscire ad ottenere il benché minimo risultato.

Ogni nuovo inizio è caratterizzato da grinta, speranza e determinazione, che puntualmente finiscono accantonate all'angolo alla prima difficoltà, sommerse da scuse e giustificazioni, che affastelli per difenderti e perdonarti per il tuo fallimento: "non ho tempo", "il lavoro mi stressa", "la famiglia mi prosciuga tutte le energie", "in questo periodo mi sento stanco", "non è il momento giusto", eccetera. Le conosci tutte: le hai sentite tante volte, sia dagli altri che da te stesso. La tua forza d'animo e la tua determinazione sembrano sostenerti solo fino ad una vaga pianificazione teorica del da farsi e niente altro: fare una lista degli obiettivi o un programma di cose da fare è facile, mentre cambiare concretamente le tue abitudini di una vita, eliminandole e sostituendole con altre attività, più faticose ed impegnative anche se molto più gratificanti, appare ai tuoi occhi come un'impresa decisamente troppo ardua da realizzare, se non impossibile.

Non disperarti, non sei il solo a provare questa sensazione di impotenza e di frustrazione: quella di non riuscire a perseguire con costanza e con efficacia i propri obiettivi personali è una condizione piuttosto comune e che caratterizza la maggior parte delle persone; capita di frequente ed a tutti di sentirsi incatenati alle proprie abitudini ed alle proprie debolezze, ai propri piccoli piaceri quotidiani, ai propri riti.

Ma una soluzione c'è, anche se non è affatto a buon mercato: sviluppare la propria autodisciplina, imparando a controllare i propri istinti, le proprie emozioni e le proprie debolezze, in ogni momento della giornata ed in qualsiasi situazione ci troviamo, con lo scopo di acquisire la giusta forza di volontà necessaria per portare a termine con successo i propri progetti personali, anche quando richiedano molto tempo, una forte determinazione ed una grande abnegazione. Il potenziamento dell'autodisciplina non è un obiettivo ad appannaggio di maestri di arti marziali asiatici o di saggi monaci eremiti che vivono isolati sulle montagne: chiunque può dare inizio ad un percorso di crescita personale volto all'acquisizione di un maggior controllo di sé.

Non pensiamo ad esercizi sfiancanti ed estremi o a cambiamenti radicali ed eccentrici: la via verso l'autocontrollo e la disciplina è percorribile da ognuno di noi e non presuppone alcuna dote innata, scelta di vita drastica o vocazione, permettendoci di mantenere fondamentalmente intatto il nostro stile di vita precedente; l'obiettivo è quello eliminare o trasformare tutto ciò che riteniamo dannoso o poco costruttivo ai fini della nostra realizzazione personale ed del raggiungimento dei nostri desideri. I vantaggi dell'acquisizione di un maggiore autocontrollo sono molteplici e possono aiutarci nella gestione della nostra vita personale, famigliare, sociale e lavorativa, come anche della nostra salute ed il nostro benessere psico-fisico, consentendoci di attuare appieno il nostro potenziale. Perché, allora, non cominciare a pensarci un po' su? La strada è lunga e complessa, ma chi ben comincia, seguendo i giusti consigli, è a metà dell'opera!

Cos'è l'autodisciplina?

"Il talento è per l'1% genio e per il 99% sudore." - Thomas Edison

Detto in poche parole, con autodisciplina intendiamo la capacità di rinunciare volontariamente ad una gratificazione o ad un piacere immediati in vista del raggiungimento di un obiettivo più alto e più importante nella nostra personale scala di valori; quindi differire o addirittura abolire il godimento di una sensazione positiva con l'obiettivo di ottenerne una maggiore o qualitativamente superiore in futuro. Essere persone autodisciplinate significa anche essere capaci di portare a termine un impegno mantenendosi costanti e concentrati nel corso del tempo, mostrando la capacità di non farsi condizionare dalle emozioni provate momentaneamente, siano esse positive o negative, e dallo stato d'animo che caratterizza la propria mente in un determinato frangente, come anche dalle tante distrazioni provenienti dal mondo esterno. Perfezionare la propria autodisciplina significa, quindi, acquisire un maggiore controllo di sé stessi, del proprio corpo e come della propria mente, per raggiungere con successo i propri scopi, piccoli o grandi che siano.

Durante il corso della giornata, capita molto spesso di non riuscire a resistere alle tentazioni che ci si presentano davanti, di non essere in grado di contrastare un impulso o un forte desiderio, di essere incapaci di controllare i nostri istinti, che sembrano, a volte, immuni alla nostra forza di volontà; anche se sappiamo per certo che alcuni comportamenti ci danneggeranno in futuro e comprometteranno le nostre possibilità di ottenere qualcosa, è difficile porsi un freno e combatterli con determinazione e costanza, soprattutto se si tratta di atteggiamenti acquisiti e poi consolidati nel corso di molti anni. Cinque minuti in più a letto dopo il suono della sveglia sembrano la cosa più piacevole del mondo quando siamo avvolti dal caldo delle coperte in una gelida mattina di inverno.

Ma siamo sicuri di poterceli permettere? O è necessario sacrificare altre attività, magari molto più importanti e significative, per poter godere di questo comfort momentaneo e fine a sé stesso? È oltremodo rilassante passare ore ed ore assorti sui social networks, non facendo nulla se non visualizzando passivamente carrellate di fotografie: ma, anche in questo caso, si tratta di un tempo ben speso? Non avremmo nulla di più costruttivo da fare? Questo modo di fare ci consente di essere sufficientemente produttivi? Il problema è che, il più delle volte, non destiniamo volontariamente una parte della giornata a queste attività ricreative, ma ne siamo letteralmente risucchiati ed ossessionati, facendo molta fatica a smettere anche quando sia assolutamente necessario dedicarsi ad altro. "Altri cinque minuti e poi smetto": lo dici, o te lo dici, molto spesso?

Il danno che ci infliggiamo quando ci concediamo di "sgarrare", di aggirare o posticipare i piani per la giornata, la dieta o il programma di allenamento è decisamente più ingente di quello che crediamo e non si limita alla "singola" attività non eseguita o rimandata: essere troppo indulgenti con noi stessi tenderà inevitabilmente a viziarci, a renderci sempre meno capaci di contrastare l'impulsività dei nostri istinti e dei nostri bisogni, che diventeranno sempre più impellenti; tutto ciò ci fa sì che diventiamo persone più pigre, più deboli ed in balia degli eventi interni come di quelli esterni.

La maggior parte di noi vive circondata da agi e comodità, cullata da routine monotone che lasciano poco spazio alle novità ed al miglioramento, come anche all'impegno ed alla dedizione: questo stile di vita tende, inesorabilmente, ad indebolire le nostre capacità di resistenza e di sacrificio. Molto spesso non ci sentiamo in grado di imprimere la benché minima svolta alla nostra esistenza, anche la più piccola ed insignificante: non perché non ne sentiamo la reale esigenza o non ne abbiamo intenzione, ma perché non possediamo sufficiente disciplina per farlo, anche se siamo più che motivati e convinti che sia un cambiamento che ci gioverebbe.

La ragione va individuata nel fatto che non abbiamo allenato a sufficienza, nel corso della nostra vita, la nostra forza di volontà e la nostra perseveranza. È per questo motivo che non è affatto semplice cambiare il proprio atteggiamento e le proprie abitudini: a volte anche i cambiamenti più banali ed insignificanti ci destabilizzano e sembrano impossibili da perseguire se non siamo abituati ad agire con determinazione e costanza, se non siamo sufficientemente forti per non rinunciare i nostri obiettivi quando si presenti la prima difficoltà. Anche una passione profonda ed una solida motivazione non sono elementi sufficienti a garantirci il raggiungimento dei propri scopi.

La verità è che, ormai da tempo, è stato sfatato il mito che con la passione, il talento e l'intuizione si possa arrivare al successo e che, possedendo un dono innato, non siano necessari l'impegno e la costanza per raggiungere il massimo livello nel proprio ambito d'interesse. La convinzione che si possa ottenere tutto quando si sia ispirati dal fuoco sacro dell'amore e della passione è solo un'idea romantica, nulla più. Solo chi ha un talento innato riesce a fare grandi cose? Nulla di più sbagliato. Anche i più grandi geni dell'umanità hanno dovuto fare i conti con il duro lavoro e con la dedizione; senza il sudore della fronte difficilmente si riesce ad ottenere qualcosa di veramente notevole. Molte persone individuano la causa dei propri insuccessi nella mancanza di capacità e talento, nell'assenza di quelle doti naturali che consentirebbero loro di avere soddisfazioni nel lavoro, negli hobbies, nello sport, nella vita di tutti i giorni: la verità è che il talento è solo una componente del successo, è una base, un'inclinazione o, se vogliamo, una facilitazione naturale. Il successo, quello vero, stabile e duraturo, arride solo a chi riesca a perseguire con costanza e dedizione i propri obiettivi: le doti naturali sono, al più, solo un punto di partenza; possono, certamente, costituire un grande aiuto ed una notevole spinta iniziale, ma non sono tutto. La mancanza di autodisciplina ci potrebbe costare, infatti, la piena realizzazione del nostro potenziale, delle nostre qualità e delle nostre doti innate anche quando queste siano notevoli e promettenti: la realizzazione personale poggia proprio sulla capacità di mettere a frutto le proprie attitudini naturali.

Nulla è scritto nel destino, o nel corredo genetico: possiamo ottenere ciò che vogliamo, naturalmente entro certi limiti realistici, facendo appello alla nostra perseveranza ed alla nostra forza di volontà. L'autodisciplina si differenzia in maniera profonda e sostanziale dalla disciplina in senso stretto, quella impartita da un soggetto esterno, dall'educazione che ci viene imposta sin dall'infanzia o dalle regole di comportamento civile che siamo tenuti obbligatoriamente a rispettare in ogni contesto, dalla disciplina propriamente detta, per come siamo sempre stati abituati ad intenderla da sempre.

Come si evince dalla parola stessa, l'autodisciplina è un qualcosa che noi decidiamo di imporci da soli, volontariamente, senza coercizioni da parte del mondo esterno e che quindi non presuppone una pressione sociale, un obbligo o una forzatura da parte di qualcuno che ci imponga cosa fare. È una scelta che decidiamo di compiere in maniera autonoma, libera e razionale, allo scopo di perseguire un nostro obiettivo o un nostro progetto. È la massima espressione della propria forza di volontà e della propria determinazione, che quindi presuppone un certo livello di maturità emotiva, di responsabilità e di lungimiranza. L'idea, radicata in molti, che la disciplina sia da intendere necessariamente come qualcosa di imposto dal di fuori è probabilmente uno degli ostacoli che riscontriamo, in età adulta, quando tentiamo di acquisire un maggior controllo su noi stessi: siamo abituati al fatto che le costrizioni e le forzature debbano provenire dal mondo esterno, dagli altri, dalla società e non siamo, quindi, abituati ad imporci autonomamente delle regole, una struttura di comportamento ferrea da forgiare in maniera del tutto volontaria.

Tutto lo spazio che riusciamo a ricavare al di fuori delle regole e delle costrizioni che ci sono imposte, siamo abituati a considerarlo come il regno della assoluta libertà e del caos. L'educazione e le abitudini imposteci sin dall'infanzia sono state acquisite in maniera talmente profonda e radicale da essere molto difficili da scardinare, mentre, al contempo, imporci anche la più piccola delle restrizioni o delle regole sembra un'impresa titanica. Indubbiamente modificare il proprio comportamento ed il proprio atteggiamento in età adulta può rappresentare una sfida notevole, decisamente impegnativa: i bambini sono incredibilmente più malleabili e recettivi ed è molto più semplice sviluppare abitudini e capacità durante l'infanzia; per questo è raccomandabile iniziare a suonare uno strumento o a praticare uno sport sin dalla più tenera età. Ma cambiare il proprio atteggiamento da adulti è quindi impossibile? Ciò che non abbiamo fatto prima, lo abbiamo perso per sempre? Assolutamente no! Costa più fatica, certo, ma è possibile se sappiamo come farlo e siamo sufficientemente motivati

"Io mi impegno molto, ma non vedo i minimi risultati!". Ti riconosci in questa frase? Magari quando la dici le persone che ti conoscono ti prendono un po' in giro, considerandola la solita scusa. In realtà è molto frequente, e probabile, che ad un effettivo duro impegno non seguano i risultati in cui speriamo. Il motivo è che, purtroppo, la determinazione da sola non è affatto sufficiente: è necessario che la forza e la fatica che mettiamo nel fare qualunque cosa siano orientate e ragionate, disciplinate per l'appunto. Non basta semplicemente "spomparsi" qualche giorno a settimana, magari solo quando ne abbiamo voglia, per ottenere un risultato: quando manca un disciplinamento complessivo della nostra vita e del nostro atteggiamento è particolarmente difficile raggiungere i propri traguardi.

L'autodisciplina, infatti, è qualcosa che coinvolge la nostra esistenza a 360 gradi, non un tour de force da mettere in atto quando capita. È un percorso ampio che va a toccare tutti ogni aspetto della nostra esistenza, da portare avanti con costanza e dedizione nel corso del tempo; non possiamo sperare di ottenere un ferreo controllo su noi stessi se non partendo dall'auto-osservazione, analizzandoci a fondo e sotto tutti gli aspetti.

La vita lavorativa non prescinde da quella personale, la vita sociale non prescinde dal nostro benessere psico-fisico, e così via. Insomma, autodisciplina non è semplicemente sinonimo di impegno: lo presuppone e lo richiede, certo, ma non si tratta esattamente della stessa cosa. L'autodisciplina è innanzitutto controllo, pianificazione e lungimiranza: è la costruzione di un atteggiamento positivo e costruttivo nel lungo tempo.

Non c'è alternativa: per garantirsi di avere le migliori chances di ottenere il meglio da noi stessi e mettere a frutto il nostro potenziale occorre che ci educhiamo alla perseveranza, alla costanza ed alla resistenza; non si tratta di cambiamenti che avvengono da un giorno all'altro, non possiamo pensare di trasformarci istantaneamente da persone sedentarie e routinarie in atletici avventurieri: il trucco è procedere con gradualità, andare piano, ma senza fermarsi e scoraggiarsi mai. È altresì importante, una volta individuato il percorso da compiere, andare per la propria strada incuranti delle distrazioni e della negatività che può trasmetterci chi cerca di dissuaderci dal nostro intento: come abbiamo già detto, siamo solo noi a sapere cosa è bene per noi stessi e per la nostra realizzazione. È difficile non farsi condizionare o resistere alla tentazione di cercare la strada più semplice, magari in una vita statica e convenzionale, di omologarsi alla società e fare i propri i desideri e le ambizioni delle persone che ci circondano; ma siamo disposti al correre il rischio di provare, presto o tardi, la sensazione di aver sprecato la nostra vita?

Perché è importante sviluppare l'autodisciplina al giorno d'oggi?

"La disciplina è il ponte tra l'obiettivo e il risultato". - Jim Rohn

Ognuno di noi è sottoposto, quotidianamente, ad un martellamento continuo da parte di input diversi provenienti dal mondo esterno: complici gli strumenti tecnologici, che rendono praticamente istantaneo lo scambio di informazioni e di dati, la nostra attenzione è sottoposta ad una sollecitazione costante da parte di innumerevoli stimoli che difficilmente riusciamo a filtrare e gestire con piena consapevolezza; di alcuni ne andiamo alla ricerca volontariamente, ad altri siamo soggetti passivamente addirittura contro la nostra volontà, come nel caso di pubblicità, banner, annunci o suggerimenti di acquisto che appaiono un po' ovunque mentre navighiamo sul web.

La giornata tipo di una persona del XXI secolo che vive in occidente è colma dei più svariati motivi di distrazione; alcuni sono piacevoli ed interessanti, non c'è che dire, ci permettono di rilassarci e di recuperare le energie e non è strettamente necessario che vi rinunciamo. Passare qualche momento della giornata guardando la TV o vagando su YouTube senza uno scopo preciso non ci impediranno di certo di condurre una vita ricca e piena di soddisfazioni: ciò che conta è essere in grado di porci i giusti limiti ed essere sempre in grado di smettere quando lo riteniamo opportuno.

La sovrabbondanza di sollecitazioni esterne e la continua stimolazione sensoriale possono addirittura portare ad una sorta di malsana assuefazione: lo constatiamo, purtroppo, nei bambini a cui viene permesso di usare liberamente i dispositivi elettronici che sembrano letteralmente risucchiati dallo schermo ed incapaci di sottrarsi all'attrazione totalizzante che esercitano sulla loro attenzione.

Gli adulti non sono meno colpiti dal problema: quante volte, partendo da una ricerca mirata sul web, ti ritrovi a visitare siti o visualizzare immagini che non hanno alcuna attinenza con ciò che stavi cercando; oppure quante volte ti ritrovi a perdere ore ed ore sui social network, su profili di persone che neanche conosci? Una volta entrati nel vortice della distrazione è dura uscirne fuori e riprendere in mano le attività di cui ti stavi occupando inizialmente con la stessa concentrazione.

Distrazioni continue di questo tipo ci conducono, inesorabilmente, alla confusione mentale ed all'incapacità di soffermarci con attenzione e concentrarci al massimo su un particolare impegno che siamo tenuti ad affrontare. Dobbiamo sempre tener presente che essere sottoposti ad una stimolazione continua, costituita da elementi eterogenei ed irrelati tra loro, e, soprattutto, non richiesta, rischia di prosciugare con il tempo la nostra capacità di concentrazione e le nostre energie mentali, senza che neanche che ce ne rendiamo conto; la ricezione continua di informazioni rischia di sviarci dai nostri scopi e di depotenziare la nostra capacità di focalizzarci su un determinato obiettivo.

La conseguenza nefasta di tutto questo sarà quella di trovarci in estrema difficoltà quando ci sarà richiesto di concentrarci, di mettere tutto il nostro impegno su un determinato compito, che magari, in fondo, è l'unico che di cui realmente ci importa qualcosa e che ha un valore significativo in relazione ai nostri progetti di vita.

Lo stile di vita tipico della società contemporanea, come abbiamo visto, rischia di impigrirci non solo a livello mentale, ma anche fisico. Non abbiamo mai goduto di tanti agi e comodità come oggi: la maggior parte delle persone è impegnata in lavori d'ufficio, sedentari e statici; è raro che durante il corso della giornata ci sia la reale esigenza di compiere una fatica fisica significativa.

Chi compie degli sforzi fisici o manuali sono solitamente quelle che persone che lo cercano volontariamente facendo sport o coltivando degli hobbies; e non sono molte. Di conseguenza è una condizione comune quella di adagiarsi, tendendo ad assumere uno stile di vita routinario e poco dinamico, limitato al compimento di quello che ci è indispensabile o che ci costa il minimo in termini di fatica e preoccupazione. Ma adottando questo modo di fare, non rischieremo di "sprecare" i vantaggi che ci offre lo stile di vita occidentale? Staremo forse trasformando delle garanzie e delle comodità in motivi di peggioramento e degradamento?

Spesso si sente dire che viviamo nell'epoca del multitasking: con un processo di adeguamento, piuttosto inquietante, ai moderni dispositivi elettronici, agli esseri umani contemporanei viene richiesto di saper fare contemporaneamente molte cose: come ciò possa essere possibile rimane un mistero, dal momento che la maggior parte delle persone non riesce a fare con impegno e concentrazione neanche una cosa alla volta.

La verità è che nell'epoca della velocità, anzi dell'istantaneità, spesso l'apparenza di efficienza e l'immagine della prestazione elevata risultano essere più importanti della sostanza. Le persone che si vantano di fare mille cose molto spesso sono le stesse che le fanno estremamente male, senza amore e passione e che spesso si ritrovano presto prosciugate e annientate dal proprio stile di vita frenetico.

L'autodisciplina ci consentirà, una volta visualizzati i nostri obiettivi, di calibrare al meglio le nostre energie, senza disperderle, al fine di impiegarle al meglio per perseguire ciò che realmente conta per noi. Spesso sono proprio l'ansia da prestazione e l'agitazione a farci sprecare le nostre migliori risorse, fisiche e mentali: la tranquillità psico-fisica è la più grande garanzia che abbiamo per mettere a frutto, pienamente, il nostro potenziale e le nostre qualità. Non bisogna avere paura del "non far niente", di dare tregua alla propria mente ed al proprio corpo: anzi, la capacità di non far niente e non pensare niente, al giorno d'oggi sottovalutata, è un elemento importantissimo per imparare a concentrarsi ed ottenere il meglio da sé stessi.

Assuefatti ad uno stile di vita che non è pensato per valorizzare a pieno le nostre capacità, le nostre doti, la nostra inventiva e non permettendo, quindi, che crescano e fioriscano rigogliosi, rischiamo di ridurci a meri spettatori degli eventi della nostra vita, che scorrono inesorabilmente senza che neanche ce ne rendiamo pienamente conto; per poi realizzare, magari durante la fatidica crisi di mezza età, di non aver messo a frutto tutto il nostro potenziale e di non aver fatto tutte le esperienze di vita che avremmo voluto. Il rimpianto è una delle sensazioni peggiori che si possono provare: come si dice, meglio avere rimorsi che rimpianti; rimandare sempre i propri progetti a data da destinarsi può rivelarsi un atteggiamento molto rischioso, in fondo sappiamo tutti che non vivremo in eterno!

Per sviluppare la tua forza di volontà ed assicurarti di impiegare al meglio la tua energia, ottenendo risultati certi e solidi, devi innanzitutto essere consapevole di alcuni dati riguardo al funzionamento della tua mente, quali siano i meccanismi che determinano e regolano le tue scelte, le tue sensazioni ed emozioni, al fine di poterle gestire nel migliore dei modi. Lo studio dell'essere umano e della sua mente rappresenta forse la sfida più significativa che le discipline scientifiche ed umanistiche si sono trovate ad affrontare. Durante la storia si sono susseguite scuole di pensiero molto diverse tra loro, sono state tratte conclusioni talvolta antitetiche tra loro e ancora oggi, nonostante i notevoli successi ed avanzamenti, brancoliamo nel buio riguardo molti aspetti.

Cosa condiziona il comportamento umano?

"È duro fallire, ma è ancora peggio non aver cercato di avere successo." - Theodore Roosevelt

Nel 1972, lo psicologo statunitense Walter Mischel, professore presso l'università di Stanford, ha condotto un famoso esperimento che ha come oggetto di ricerca l'autocontrollo, noto con il nome di "esperimento del marshmallow", le cui implicazioni continuano ad interessare la comunità scientifica ancora ai giorni nostri. In cosa consiste questo esperimento?

Mischel ha posto dinnanzi a diversi bambini, di età compresa tra i 3 ed i 7 anni, un dolce di loro gradimento, spiegando loro che, se fossero riusciti a resistere per più di 15 minuti alla tentazione di mangiarlo, ne avrebbero ricevuto un altro; a questo punto i bambini vengono lasciati soli in una stanza, seduti su una sedia e con la dolce tentazione posta su di un piatto proprio davanti a loro. Le scene che seguono sono tragicomiche! I poveri bambini le tentano tutte per cercare di distrarsi dall'istinto di afferrare il dolce e mangiarselo in un sol boccone: qualcuno canticchia una canzone, qualcuno si contorce vestiti e capelli, qualcuno si copre gli occhi con le mani: è veramente dura resistere! Solo un terzo dei piccoli partecipanti riuscirà a resistere all'impulso di mangiare subito il dolce in modo tale da ottenerne un secondo, mentre i restanti non mostreranno sufficiente autocontrollo per differire la gratificazione, preferendo, figurativamente parlando, l'uovo oggi alla gallina domani.

I risultati e le implicazioni più interessanti di questo esperimento risiedono nei suoi follow-up, che sono in corso di svolgimento al giorno d'oggi: i partecipanti all'esperimento sono stati sottoposti, in età adolescenziale e poi adulta, ad altre tipologie di test. L'intento del professor Mischel era, sin dall'inizio, quello di monitorare in cosa avrebbero differito, negli anni successivi, i tratti caratteriali ed i comportamenti dei bambini che hanno dimostrato una maggiore autodisciplina rispetto a quelli che non sono riusciti a resistere alla tentazione di mangiare il primo marshmallow.

I risultati sono stati rivelatori: i bambini che hanno dimostrato di sapersi controllare di fronte al dolce, sono gli stessi che in età scolare hanno ottenuto i migliori risultati ed in età adulta hanno ottenuto maggior successo per quanto riguarda la vita lavorativa e quella personale, mostrando una maggiore resistenza allo stress, una maggiore autostima e addirittura un indice di massa corporea inferiore. Quali conclusioni possiamo trarre da questi dati? Cosa ci insegnano sul comportamento umano ed in particolare sull'autodisciplina?

Questo esperimento sottolinea la grande importanza che riveste l'autodisciplina nelle nostre vite, una capacità che possiamo considerare garanzia di successo e realizzazione personale. Come abbiamo avuto modo di notare grazie ai risultati del test, solo una piccola parte dei bambini coinvolti nell'esperimento è riuscita a differire la propria gratificazione al fine di ottenere qualcosa in più, nonostante non si trattasse, in fondo, di un compito così gravoso ed arduo da portare a termine: anche sapendo che rinunciando ad una piccola tentazione avrebbero ottenuto qualcosa di significativamente più gratificante, non sono stati in grado di imporsi a loro stessi e combattere contro i propri impulsi immediati.

L'autodisciplina è una facoltà sulla quale occorre lavorare nel tempo, poiché solo pochissimi individui la possiedono, per così dire, in modo innato, ricevendola "in omaggio" con il proprio carattere. La capacità di controllare i propri impulsi istintivi risulta essere una chiave di volta per ottenere maggior successo nella vita, per pianificare al meglio le proprie azioni e valutare le situazioni in maniera critica e obbiettiva: qualunque sia la nostra condizione di partenza, non dobbiamo dubitare che, anche in età adulta, possiamo imparare a gestire i nostri impulsi nel migliore dei modi, attraverso quello che potremmo definire un vero e proprio addestramento, alla stregua di un percorso formativo o di un programma di allenamento. Qualcuno ha azzardato delle interessanti ipotesi sul fatto che la forza di volontà possa dipendere direttamente dalla prima educazione impartita ai bambini piccoli sin dalle fasi di allattamento e svezzamento e che quindi una maggiore autodisciplina sia attribuibile alla cultura di appartenenza o al tipo di educazione ricevuta.

È estremamente arduo fare generalizzazioni e venire a capo di questa questione: ogni epoca ed ogni cultura hanno elaborato le proprie "regole" sociali, il proprio codice comportamentale che gestisce la maniera con la quale ci rapportiamo alle nostre emozioni sia nel privato che in pubblico; questa impostazione la facciamo nostra sin dall'infanzia ed è estremamente difficile che venga meno nel corso degli anni. In linea di massima, è sempre molto difficile individuare una causa univoca alla base di un determinato tratto caratteriale, di un certo modo di porsi, di un atteggiamento ripetuto nel tempo; allo stesso modo risulta molto difficile stabile da cosa dipenda il possesso innato e naturale di un certo grado di autocontrollo e disciplina.

Possiamo comunque affermare, con un certo grado di sicurezza, che le azioni e le reazioni degli individui più impulsivi e meno capaci di controllarsi tendono ad essere gestite in maniera più decisa e preponderante dal sistema limbico, mentre quelle delle persone più controllate e disciplinate dalla corteccia prefrontale. Cosa significa? Quali elementi caratterizzano queste due differenti aree cerebrali? Il cervello umano reca con sé la traccia dell'evoluzione che ha contraddistinto la storia antropologica: la struttura cerebrale, difatti, risulta composta da più aree, che corrispondono a diversi strati evolutivi.

Va per la maggiore, al giorno d'oggi, la concezione secondo la quale dobbiamo intendere il cervello umano come organo trino: elaborata dallo scienziato Paul MacLean, la teoria del triune brain, si fonda sull'idea che il cervello si componga di tre diversi livelli: un cervello rettiliano, un cervello limbico ed un cervello neocorticale; ognuna di queste aree, composte a loro volta da più componenti, è deputata alla regolazione di una determinata funzione comportamentale. Il cervello rettiliano, come possiamo dedurre dal nome, è la componente più antica e che, per certi versi, condividiamo con molte altre specie animali: si tratta dell'area cerebrale responsabile del controllo degli istinti primordiali, quelli che regolano i bisogni fondamentali a garantirci la sopravvivenza, nostra e dell'intera specie. Il cervello limbico, detto anche cervello paleomammaliano, dal momento che caratterizza i mammiferi, occupa una posizione più avanzata sulla scala evolutiva: è il sistema cerebrale preposto al controllo delle emozioni e dei sentimenti e della loro espressione, sia negativi quali la rabbia e la paura, sia positivi come la gioia e l'amore. Infine, il cervello neocorticale include tutte le strutture cerebrali coinvolte nell'esercizio della razionalità, quindi, semplificando molto, in tutte quelle attività e capacitò che distinguono l'uomo dagli altri animali: potremmo definirlo il vero cervello "pensante".

Quello che tentiamo di imporre alla nostra mente, o al nostro cervello, quando ci impegniamo a sviluppare la nostra autodisciplina è di conferire maggiore potere di controllo all'area razionale, quella evolutivamente più avanzata della corteccia prefrontale, che agisce in maniera più fredda, logica, distaccata rispetto al sistema emozionale regolato prevalentemente dal sistema limbico, che fa corrispondere ad uno stimolo una reazione immediata e poco ragionata, eredità genetica di un'epoca, ormai lontana, in cui la vita richiedeva decisioni fulminee ed istintive, se ci si voleva garantire la sopravvivenza.

Se volessimo fornire una chiave di lettura dell'esperimento del marshmallow avvalendoci di queste informazioni sul funzionamento del nostro cervello, potremmo affermare quanto segue: nei bambini che non hanno saputo trattenersi dall'afferrare il dolce per mangiarlo subito, il sistema limbico ha assunto il pieno controllo della situazione, scalzando e marginalizzando l'apporto del cervello neocorticale, il quale, dal canto suo, avrebbe imposto di differire la gratificazione in vista di un beneficio di gran lunga maggiore. Del perché questo accada, come abbiamo detto, è molto difficile darne conto. Lo studio della mente umana è una disciplina estremamente complessa: ci sono varie scuole di pensiero, la materia è estremamente complicata ed oggetto di dibattito da secoli.

Dalla psicologia, alla filosofia, all'antropologia: sono diverse le branche del sapere che si occupano del comportamento umano, tentando di capirne la logica, i fondamenti, scoprire in che misura possa essere modificato grazie alla forza di volontà, quali siano i fattori fondamentali che lo condizionano, quanto spazio dovremmo attribuire alla genetica e quanto all'ambiente, al contesto sociale, alle esperienze. Ciò che possiamo affermare con relativa sicurezza è che ognuno di noi, come tutte le altre specie animali, è dotato, dalla nascita, di istinti innati, che la natura ci ha fornito per provvedere alle nostre esigenze di sopravvivenza e di un bagaglio genetico che ci rende unici rispetto agli altri esseri umani. Con il progresso della civiltà, tutti noi abbiamo imparato a domare e gestire, entro una certa misura, i nostri impulsi primari: questo ci ha consentito di costruire civiltà organizzate ed evolute, di perseguire obiettivi che non si limitino al mero procacciamento del cibo e alla ricerca di partner sessuali.

Certo, questa repressione sistematica degli impulsi naturali spesso ci presenta il conto in maniera problematica: è il cosiddetto disagio della civiltà, come diceva Freud, che può palesarsi in maniera indiretta attraverso svariate forme, anche patologiche. Non andiamo di certo in giro per la città brandendo una clava e rubando il cibo dalle mani dei passanti, tuttavia la maggior parte di noi indugia molto di frequente in comportamenti ed attività basse e poco edificanti, anche se, per così dire, socialmente accettate. Anche nel condurre uno stile di vita pigro e sedentario noi stiamo assecondando i nostri istinti ed i nostri piaceri più immediati e più banali; ci limitiamo ad evitare con attenzione tutti quei comportamenti socialmente inaccettabili, ma non reprimiamo molti di quegli atteggiamenti che sappiamo essere inutili o peggio nocivi, in primis per noi stessi e per chi ci è più vicino.

Possedere un maggiore controllo dei nostri istinti, vuol dire avere uno strumento fondamentale per ambire a realizzare scopi ed obiettivi molto più alti ed importanti. L'ottenimento della libertà di poter vivere uno stile di vita tranquillo e d agiato è, se vogliamo, un lusso che la nostra civiltà ha raggiunto con fatica: di certo non preferiremmo dover avere a che fare, quotidianamente, con belve feroci, guerre o situazioni che mettono in pericolo costante la nostra vita.

Tuttavia, è importante impegnarsi per rendere questo privilegio un reale beneficio, non trasformandolo, addirittura, in un fardello ed in una condanna alla pigrizia, fisica e mentale. Così come abbiamo fatto passi in avanti incredibili rispetto ai nostri antenati che vivevano seminudi nelle caverne, possiamo ambire a migliorare noi stessi attraverso nuove capacità, attingendo con intelligenza e metodo alle nostre potenzialità naturali.

Abbiamo visto come un maggiore autocontrollo abbia garantito ai bambini dell'esperimento di ottenere maggiori successi e gratificazione dalla vita: così come abbiamo imparato ogni giorno a reprimere molti dei nostri istinti di base, possiamo ambire ad acquisire un controllo sempre più stringente sui nostri impulsi involontari, in modo che ogni nostra azione sia sottoposta al vigile esame della razionalità.

La nostra mente è uno strumento estremamente potente e la maggior parte di noi ignora le sue reali potenzialità: sopraffatti ed assuefatti dalle abitudini quotidiane, raramente ci sentiamo spronati ad esplorare le nostre reali capacità, a porci degli obiettivi sempre più alti ed ambiziosi, sia mentali che fisici. Si sente dire spesso che gli esseri umani utilizzino solo il 10/20% delle potenzialità del proprio cervello: naturalmente non siamo in grado in quantificare in maniera così precisa questo dato, quella di fornire una percentuale rischia di essere un'eccessiva semplificazione. Ciò che è comprovato ed innegabile è che, se non sottoposta alle opportune stimolazioni, la nostra mente tende inesorabilmente a rilassarsi ed il passare del tempo rischia di peggiorare la situazione: è per questo che alle persone anziane si suggerisce di mantenersi sempre attivi per evitare lo sviluppo di patologie quali la demenza o l'Alzheimer, mentalmente ancora prima che fisicamente.

Come tutti gli animali, gli esseri umani sono chiamati a soddisfare alcuni bisogni fondamentali: ma a differenza delle altre specie l'essere umano è composto da istinto e razionalità: è questo a differenzialo dagli altri animali. La nostra mente è in grado di tenere a freno gli istinti, differire l'ottenimento del piacere, pianificare le azioni. Oltre che ad un maggiore controllo degli istinti, gli esseri umani hanno, nel corso della storia, sviluppato e coltivato una serie di motivazioni e di scopi più alti rispetto al mero soddisfacimento delle esigenze fisiologiche: ogni cultura, ogni epoca ed ogni singolo essere umano coltiva le proprie aspirazioni, i propri desideri, i propri progetti di vita.

Spesso, però, la nostra volontà e la nostra determinazione non risultano all'altezza dei nostri desideri e delle nostre ambizioni. Se la tua motivazione e la tua forza di volontà non risultano sufficienti per guidarti verso la realizzazione de tuoi progetti avrai bisogno di sviluppare una maggiore autodisciplina. Non temere: differire o negarsi il godimento di un piacere, fisico o mentale che sia, non ha lo scopo di sopprimere la nostra componente istintuale e passionale. Vi sono molti orientamenti filosofico-religiosi che fanno della totale estirpazione dei desideri il proprio obiettivo ultimo: non è ciò di cui si occupa, per come la stiamo intendendo, l'autodisciplina. Al contrario, ciò che tramite l'ottenimento dell'autodisciplina e dell'autocontrollo si vuole ottenere è il soddisfacimento di quelle che sono le passioni più alte, più nobili o semplicemente, di quelle a cui teniamo di più e che sappiamo possono darci una soddisfazione di gran lunga maggiore rispetto ai piccoli piaceri quotidiani.

Come acquisire una maggiore autodisciplina

"Non c'è vento favorevole per colui che non sa dove andare" - Lucio Anneo Seneca

Sono in molti a credere che l'autodisciplina sia una sorta di dote innata, che sia il risultato di una ben precisa disposizione caratteriale e che la capacità di controllarsi e disciplinarsi sia una qualità che non si possa sviluppare nel corso della propria vita, soprattutto in età adulta: o ce l'hai o non ce l'hai! Le cose, in realtà, non stanno affatto così: l'autocontrollo e la forza di volontà sono due facoltà che possiamo allenare e che possiamo migliorare attraverso un training mirato, proprio come se fossero dei muscoli del corpo.

Gli inizi, si sa, sono sempre ostici e frustranti, a volte addirittura demoralizzanti: vediamo tutta la strada da compiere davanti a noi, una strada in salita che non ci permette di distinguere chiaramente la meta finale per cui stiamo faticando. Da cosa cominciare quando si brancola nel buio più totale? Come uscire dalla routine quotidiana e cominciare a migliorare la propria vita? Da un'analisi approfondita e critica di sé stessi e delle proprie mancanze. L'adagio socratico, che ha attraversato dall'epoca della Grecia classica tutti secoli della storia umana, è più che mai valido anche ai giorni nostri: inutile preoccuparsi del mondo esterno e delle altre persone se non conosciamo, in primo luogo, noi stessi.

Imparare a conoscere sé stessi

Avere a disposizione una strategia vincente per il successo si rivelerà inutile se non abbiamo un preciso obiettivo da raggiungere, è evidente. Magari sei una persona sedentaria, con un lavoro monotono e senza prospettive, non coltivi interessi o hobbies e ti va bene così, sei sereno ed in pace con te stesso e non cambieresti nulla della tua vita, per niente al mondo. Che diritto hanno gli altri per giudicare? Ognuno è libero di condurre lo stile di vita che desidera, nessuno dovrebbe preoccuparsi di quello che pensano le altre persone.

Quello verso l'autodisciplina è un percorso faticoso e complesso, che necessita di dedizione, impegno e costanza; è quindi rivolto a tutte quelle persone che sentono un profondo bisogno di apportare cambiamenti sostanziali e drastici alla propria vita personale, a chi si senta imprigionato nella propria routine e nei propri limiti e senta il bisogno di cominciare un percorso nuovo, che lo conduca verso la realizzazione dei propri obiettivi. L'autodisciplina è una via percorribile solo da chi abbia la giusta motivazione, da chi voglia che la propria vita prenda un'altra direzione, da chi si senta stretto nella propria quotidianità ed ambisca, ardentemente, ad altro. In fondo sarebbe inutile diventare persone disciplinate e produttive se non abbiamo alcuno scopo prefissato: sarebbe come girare, faticosamente, a vuoto. Buona parte delle persone coltiva dentro di sé dei sogni, dei desideri, delle speranze: che siano quelli che ci accompagnano sin dalla più tenera età oppure nuovi progetti frutto di un recente e fulmineo lampo di genio, tutti, solitamente, desideriamo ardentemente qualcosa.

Il primo passo per realizzarti è riconoscere, accettare e valorizzarle i tuoi desideri, per quanto possano sembrare impossibili da raggiungere oppure in contrasto con il tuo attuale stile di vita! Sei un manager di una grande azienda ma il tuo sogno è essere un maestro di tango? Sei mamma di cinque figli ma vuoi iniziare l'università? Accetta con serenità il tuo desiderio, evitando decisioni azzardate dettate dall'istinto, ma pianificando con calma e razionalità quale possa essere una soluzione realistica per ottenere ciò che vuoi. Il primo passo per raggiungere il risultato sperato? Capire quello che vuoi, essendo sempre sincero ed onesto con te stesso. Molte persone vivono vite che, in fondo, non sentono affatto come proprie: intrappolate in una carriera che si sono viste imporre dalla famiglia, costrette a trascorrere il proprio tempo libero svolgendo attività che pianificano altri, forzate ad assumere un atteggiamento che sentono imposto dall'esterno. Il primo passo per imprimere una vera svolta alla nostra esistenza è quello di capire cosa vogliamo davvero per noi stessi, senza condizionamenti esterni e senza pressioni da parte di famiglia, amici o della cerchia sociale alla quale apparteniamo.

Spesso una profonda insoddisfazione si cela in persone apparentemente realizzate, della cui felicità e realizzazione non dubiteremmo, per lo meno fermandoci ad un'analisi superficiale. Al contrario di quello che saremmo tentati di credere molto spesso sono proprio le persone che hanno ottenuto un maggiore successo nella vita a sentirsi schiacciate da una routine opprimente che non sentono la propria, non riuscendo a liberarsi dal tran-tran quotidiano che è consolidato nel corso degli anni e che prosciuga tutte le loro energie vitali. Abituate solo a compiacere gli altri ed a dare il massimo solo dal punto di vista lavorativo o scolastico, molte persone perdono, con il tempo, il contatto con loro stesse, allontanandosi da ciò che davvero desiderano: riprendere le redini della propria vita, a quel punto, è un'impresa ardua, ma grazie all'acquisizione di un maggiore controllo di sé stessi e delle proprie emozioni, è sempre possibile imprimere una svolta decisiva alla propria esistenza.

A volte non è semplice cercare dentro noi stessi quali siano i nostri desideri più autentici, poiché sotterrati e dimenticati nel corso degli anni, scalzati dalla routine, dagli impegni o dal desiderio di compiacere qualcuno: potrebbe essere necessario un lungo periodo di tempo di transizione prima di tornare a sentire la propria autentica voce interiore. Magari ti senti infelice, giù di corda o insoddisfatto, ma non ne capisci neanche il perché e non sai cosa potrebbe farti sentire meglio: in questi casi è difficile ottenere delle risposte immediate da te stesso che possano orientare ed illuminare il percorso da compiere. Potresti cominciare, in questi casi, dall'occuparti di aspetti più semplici: acquisire abitudini più sane, tenere la tua casa o il tuo ufficio più in ordine, fare più sport, leggere di più. La specificità e la delimitazione sono garanzie di successo: cominciamo dalle piccole cose, che magari non saranno dei veri e propri sogni, per acquisire la giusta grinta e determinazione per esplorare dentro te stesso e risalire alle tue reali volontà e ambizioni, sopite dall'abitudine e dagli anni trascorsi a vivere una vita che forse non era poi la tua.

Per raggiungere la felicità e la serenità è fondamentale imparare ad ascoltare sé stessi e la propria voce interiore: sforzati, giorno dopo giorno, ad avere sempre chiaro, nella mente e nel cuore, quello che vuoi e quello che desideri, non limitarti a compiacere gli altri. Questo non vuol dire diventare delle persone egoiste ed incuranti del prossimo, ma degli individui che, giustamente e legittimamente, pensano al proprio benessere, non dando per scontano di dover porre quello degli altri sempre davanti al proprio. Nei limiti dell'educazione e del buon senso, forzati ad esprimerti, a manifestare il tuo disappunto o la tua contrarietà: sentiti sempre libero di dire quello che pensi e di mettere in chiaro quello che vuoi. Questo atteggiamento ti farà acquisire, con il passare del tempo, un sempre maggiore contatto con te stesso e con le tue emozioni.

Prima di iniziare un percorso volto all'ottenimento di una maggiore autodisciplina, è importante capire quali siano gli scopi che vogliamo raggiungere e per i quali siamo disposti ad investire energie e fare rinunce: per lo meno in una fase iniziale, non avrebbe senso focalizzarsi su una moltitudine di progetti differenti tra loro; al contrario, è meglio stilare una lista ragionata di quali siano gli obiettivi più importanti in un determinato momento, sui quali riversare tutta la nostra energia: è importante che siano, dunque, obiettivi particolarmente motivanti, su cui concentrarsi totalmente, in modo da non disperdere la nostra energia e la nostra concentrazione. D'altronde chi troppo vuole nulla stringe! Come vedremo in seguito, quanto più un obiettivo è preciso e delimitato tanto più sarà semplice perseguirlo, ottenendo risultato tangibili e rapidi.

Esaminarsi in modo critico

Una delle principali cause di fallimento è quella di essere troppo indulgenti con sé stessi, perdonandosi tutti i propri difetti e le proprie mancanze. Mettiamoci, metaforicamente, davanti ad uno specchio e sottoponiamo noi stessi con le nostre abitudini, i nostri tratti caratteriali ed i nostri comportamenti ad un esame critico, severo e rigoroso; focalizziamo la nostra attenzione sui nostri difetti e sulle nostre mancanze e valutiamo quanto sia ingente l'impatto negativo che hanno sulla nostra realizzazione personale e sul raggiungimento dei nostri obiettivi. Pensiamo, allora, a tutto ciò che dovremmo o vorremmo migliorare di noi stessi, senza fare appello a giustificazioni, scuse o attenuanti, come abbiamo, sicuramente, già fatto in precedenza.

Giudicarsi impietosamente può costituire una delle più forti motivazioni per prendere in mano la nostra vita e decidere di fare dei cambiamenti drastici. Ti piace quello che sei diventato? Sei soddisfatto di te steso? Ci sono degli aspetti della tua personalità che sarebbe opportuno che tu cambiassi? Il tuo modo di fare è sempre adeguato in ogni occasione? Dovrai essere tu stesso il tuo critico più pedante ed inflessibile, non devi aspettarti che qualcun'altro ti indichi la via per il tuo miglioramento: solo tu sai cosa sia meglio per te stesso. O meglio, non dobbiamo di certo rigettare l'aiuto che ci viene offerto: i suggerimenti, soprattutto se provengono da chi ci vuole bene e tiene a noi, possono costituire un aiuto di grande importanza; molto spesso guardarci con gli occhi degli altri può essere l'unica chiave per ottenere un giudizio realmente oggettivo di noi stessi.

Al contempo, però, non devi dimenticare che sei solo tu ad avere la piena responsabilità di te stesso e delle tue scelte: se fallirai non avrai la possibilità di incolpare nessun'altro. È necessario, allora, individuare con obiettività quali siano i tuoi difetti, le tue abitudini più nocive, le tue paure e le tue debolezze: cominciamo dal decostruire, dal frammentare la tua routine quotidiana, mattone dopo mattone, azione dopo azione, decidendo cosa lasciare e cosa rimuovere, cos'è funzionale al raggiungimento di ciò che vuoi e cosa no; con calma, giorno dopo giorno, provvederai a rimpiazzarli con nuove abitudini, nuovi atteggiamenti, nuove attività. Gli esseri umani, si sa, tendono a guardare la pagliuzza negli occhi degli altri, trascurando la trave nei propri: criticare e giudicare gli altri è incredibilmente più semplice rispetto ad osservare sé stessi con spirito oggettivo.

Eppure, essere capaci di autocritica, di guardare ai propri difetti con positività e con una certa dose di ironia, è una delle caratteristiche fondamentali delle persone di successo, di chi non smette mai di imparare dai propri errori e dalle proprie debolezze. È importante valutare noi stessi in reazione al prossimo ed al mondo che ci circonda: esaminiamo i nostri comportamenti, le nostre azioni e reazioni nei confronti degli altri: siamo sempre adeguati? Ci facciamo prendere dall'emozione del momento, rischiando di compromettere le nostre relazioni? Oltre all'intelligenza logica, nella vita è fondamentale sviluppare la propria intelligenza emotiva, ed imparare a comportarsi nella maniera più adeguata e consapevole quando siamo con altre persone, gestendo al meglio le proprie emozioni e riconoscendo quelle altrui.

La capacità di fare autocritica, dunque, si configura come un elemento imprescindibile in un percorso di crescita personale sano e positivo: tuttavia, bisogna stare molto attenti a non eccedere, rischiando di diventare eccessivamente critici e pedanti nei confronti di sé stessi. Molte persone, in effetti, tendono ad assumersi molte più colpe di quelle che effettivamente hanno, giudicandosi sempre inadeguate e valutando il proprio operato sempre come insufficiente. La virtù sta nel mezzo: assumiti le tue responsabilità, ma senza attribuirti colpe o difetti che non hai realmente, non caricarti il peso del mondo intero sulle tue spalle. Una volta individuata una mancanza, un'inadeguatezza nel proprio modo di fare è importante sempre porsi in maniera costruttiva: non lasciarti andare a piagnistei o ad una sterile autocommiserazione, ma agisci sempre positivamente, con l'obiettivo di imparare dai tuoi errori, facendone sempre una nuova occasione di crescita e di miglioramento.

Cosa puoi fare concretamente per diventare più autocritico? Sprona gli altri (familiari, colleghi o amici) a dire apertamente e sinceramente quello che pensano di te e del tuo operato, non offendendoti in caso di critiche ma, al contrario, sforzandoti sempre di accogliere positivamente i commenti costruttivi. Agisci in modo tale da mettere sempre in dubbio l'opportunità e la legittimità dei tuoi comportamenti: combatti quella tendenza naturale ad andare sulla difensiva ed a giustificarti quando ricevi delle critiche e sforzati di accoglierle in modo positivo, considerandole come una buona opportunità di miglioramento. Non dare sempre per scontato che gli altri abbiamo sempre torto, mettiti quanto più possibile in discussione! Quando pensiamo ai nostri problemi, ai nostri insuccessi, alle nostre mancanze, tendiamo, il più delle volte, ad incolpare gli altri: la famiglia, il partner, l'ambiente in cui siamo cresciuti, il capo a lavoro; sono sempre gli altri a mozzarci le ali ed impedirci di spiccare il volo! Attribuire la colpa agli altri è un escamotage per evitare di assumersi la responsabilità delle proprie azioni: focalizzati su te stesso e su quello che puoi fare nel concreto, non pensare al mondo esterno, e, anche se vi sono effettivamente delle colpe da parte di qualcuno, affronta la cosa con lucidità e procedi dritto per la tua strada, senza rimuginarci troppo o serbare rancore.

Stilare una lista degli obiettivi

Sembra un'operazione facile, da nulla, che tutti possono compiere senza pensarci troppo e senza dover seguire regole particolari; in realtà anche stilare una lista ragionata dei propri obiettivi può costituire una sfida non indifferente, in quanto richiede il rispetto di un certo criterio. Immaginiamo di avere davanti a noi un foglio sul quale mettere nero su bianco i nostri desideri più importanti, quelli a cui teniamo di più: scrivere semplicemente "voglio essere felice" aiuterà a determinare una strategia realistica per migliorare la propria vita? Sicuramente no, dal momento che si tratta di un'intenzione troppo vaga e generica per essere tradotta in una serie di abitudini quotidiane, in una strategia, in un progetto di cui possiamo valutare i risultati nel breve tempo. Soprattutto nelle prime fasi è estremamente utile pensare in "piccolo", resistere alla tentazione di volere tutto e subito, concentrandoci, al contrario, su obiettivi quantificabili, gestibili e che possiamo integrare in maniera più agevole e da subito alla nostra routine quotidiana.

Dobbiamo sempre essere in grado di valutare con quanta più precisione possibile la percentuale di completamento dei nostri obiettivi: sarà arduo farlo se ci siamo posti degli obiettivi troppo generici. Sarà molto più proficuo stilare una lista, un programma di impegni molto più limitati e circoscritti: cerchiamo allora di delineare una strategia giornaliera di incombenza precisa, di quelle che, a fine giornata, saremmo in grado di spuntare su di un elenco. Vuoi essere più produttivo nel lavoro? Vuoi andare a letto tranquillo sapendo di aver dato, ogni giorno, il meglio di te? Allora non limitarti a desiderare semplicemente di essere più produttivo e performante, ma decidi quali siano, nel dettaglio, i tuoi obiettivi specifici. Sei uno scrittore o un giornalista? Imposta un quantitativo tassativo di parole che ogni giorno devi buttare giu. Sono 3000? A fine giornata saprai con assoluta certezza se tu sia o meno riuscito in questa impresa: molto più utile rispetto ad un generico "voglio scrivere di più".

Il tuo obiettivo principale è migliorare nello sport? Vuoi riacquistare la tua forma fisica? Anche il proposito "voglio rimettermi in forma" rischia di configurarsi come un obiettivo troppo ampio e non caratterizzato da un contenuto abbastanza preciso e delimitato: a fine giornata non saremo affatto in grado di dire a noi stessi se abbiamo fatto o meno quello che ci eravamo preposti. È meglio preferire impegni del tipo: "voglio riuscire a correre 10 minuti ogni mattina", "voglio dedicare 2 ore alla settimana al workout", "voglio andare a passeggiare dopo cena". Con il tempo, la forma fisica verrà da sé! Non limitarti ad un generico "voglio fare più movimento": stila un elenco molto dettagliato di attività precise da compiere ogni giorno, magari avvalendoti del supporto di un professionista. Non hai scampo: a fine giornata le avrai fatte oppure no, non c'è una via di mezzo. Certo, magari inizialmente potresti farle male e controvoglia, ma questo è un altro discorso! A questo scopo, è possibile prendere in prestito uno dei sistemi utilizzato nell'ambito della gestione aziendale, il cosiddetto metodo SMART: si tratta di una tecnica che possiamo usare da subito per imparare a stilare una lista di obiettivi realistici e realizzabili, che si prestano ad essere opportunamente controllati e monitorati nel corso del tempo. Analizziamo l'acronimo:

S: Specifico

M: Misurabile

A: Raggiungibile (achievable in inglese)

R: Realistico

T: Temporizzabile

Stiliamo una lista di obiettivi che rispettino, per quanto possibile, queste caratteristiche. In primo luogo, è fondamentale che non siano troppo vaghi o generici: quanto più riusciremo ad essere precisi e selettivi con i nostri scopi, tanto più sarà probabile riuscire ad ottenere ciò che vogliamo nel breve tempo. È importante poi che sia possibile quantificare, sin dall'inizio, i nostri progressi; naturalmente non tutto si presta ad essere espresso in termini numerici, una cosa è voler aumentare il numero di trazioni giornaliere, una cosa è voler aumentare la nostra capacità di suonare uno strumento. Quello che possiamo fare in questi casi è monitorare il tempo che dedichiamo, giorno dopo giorno, ad una determinata attività, oppure le volte che eseguiamo un'azione: sarà più difficile quantificare il progresso effettivo, ma possiamo tener traccia del tempo che dedichiamo all'attività. Per non correre il rischio di rimanere eccessivamente delusi da risultati che si collocano molto al di sotto delle proprie aspettative, è importante che i propri obiettivi vengano calibrati sulle effettive e reali capacità del momento, che siano dunque realistici; soprattutto nelle prime fasi il nostro corpo e la nostra mente potrebbero non essere in grado di portare a termine con successo tutte le sfide che sottoponiamo loro: è importante non esagerare, tenendo sempre conto dell'esigenza fisiologica del riposo e del recupero. Infine, è fondamentale preoccuparsi di stabilire sempre una data precisa, una scadenza entro la quale impegnarsi a portare a termine il nostro obiettivo: in fondo, come diceva Walt Disney, la differenza tra un sogno ed un obiettivo è una data!

Andare a letto la sera avendo la consapevolezza di aver portato a termine con successo un determinato risultato ci darà la giusta motivazione per affrontare il giorno successivo con la carica necessaria a fare ancora meglio. Al contrario, se non siamo riusciti a portare a termine tutti i nostri obiettivi nella maniera che avremmo voluto, grazie ad una lista sapremo con certezza cosa è stato fatto e cosa no, garantendoci di poter agire in maniera mirata e costruttiva: potrebbe sembrare sciocco o superfluo, ma non sottovalutare mai l'importanza di avere una lista con le voci da spuntare!

Imparare ad eliminare il superfluo

Al fine di iniziare nella maniera più costruttiva possibile un percorso di auto-miglioramento è necessario essere realisti e non essere tentati dal coltivare false speranze: non hai, e non avrai mai, l'energia sufficiente per fare tutto e farlo bene. Non esistono superuomini o superdonne, è illusorio pensare di poter eccellere in ogni campo ed avere la mente sufficientemente lucida ed un corpo abbastanza forte da poter gestire una mole sconfinata di impegni ed incombenze quotidiani. Dobbiamo necessariamente operare delle decisioni e siamo chiamati continuamente ad escludere molte attività dalla nostra vita, al fine di poter perseguire con maggiore impegno ciò che ci interessa davvero ed a cui attribuiamo un valore superiore.

È una questione di priorità: durante il corso della giornata la nostra attenzione è richiamata, a volte fuorviata o addirittura stremata da infiniti input esterni, ai quali ci rivolgiamo continuamente ma distrattamente; ciò che invece noi vogliamo ottenere è totalmente diverso, è addirittura l'opposto: essere capaci di una concentrazione intensa che si rivolga solo ed esclusivamente a ciò che è davvero importante per noi, al fine di poter sempre visualizzare con attenzione e perseguire con costanza il nostro obiettivo. Negli ultimi anni stiamo assistendo all'affermazione della "moda" del minimalismo: se fai una veloce ricerca sul web, troverai moltissimi esempi di come, al giorno d'oggi, liberarsi degli oggetti inutili ed imparare a farne a meno si stiano sempre più definendo come delle esigenze fondamentali, sia pratica che, soprattutto, esistenziale. Viviamo in una società consumista, siamo bombardati da pubblicità, offerte, sconti, suggerimenti per gli acquisti, e spesso ci ritroviamo a tornare a casa con una ventina di buste, quando eravamo usciti solo per comprare il pane. Le nostre case strabordano, letteralmente, di oggetti di dubbia utilità che non abbiamo mai utilizzato e mai utilizzeremo: attrezzature per lo sport, kit per il fai-da-te, attrezzi da giardino, abiti che non ci piacciono o non ci stanno. Quanti di questi oggetti utilizziamo davvero? Può capitare di arrivare ad un punto in cui si senta la necessità di fare pulizia intorno a sé, limitandosi a lasciare solo quello che è davvero strettamente necessario.

Purtroppo, non è sufficiente disfarsi degli oggetti inutili per liberare la propria mente da tutto ciò che superfluo: preoccupazioni, pensieri negativi, ansie inutili, paure o addirittura fobie. Certo, il minimalismo costituisce indubbiamente una buona pratica ed un ottimo punto di partenza, ma ciò che conta davvero per diventare delle persone autodisciplinate è imparare ad escludere dalla nostra vita attività, impegni o preoccupazioni di cui riteniamo di potere, anzi di dovere, fare a meno. Avere uno stile di vita "minimale" può essere di aiuto, ma per raggiungere il vero equilibrio dobbiamo guardare a molte altre cose. È importante che la nostra mente sia sgomberata da tutto ciò che non riteniamo fondamentale al raggiungimento del nostro obiettivo: l'autodisciplina è un percorso ostico e faticoso, ed avere dei fardelli, dei pesi morti sulle proprie spalle è il modo peggiore per dare inizio ad un percorso di cambiamento interiore. Il che può concretizzarsi in molte cose: dover allontanare delle persone nocive, educarsi a non rimuginare su questioni del passato, o anche perdonare qualcuno, liberandosi della rabbia e del rancore.

È importante anche imparare a fare a meno di tutte quelle attività inutili o addirittura nocive, alle quali spesso dedichiamo molte ore delle nostre giornate; questo non vuol dire non potersi concedere distrazioni o divertimenti, ma essere in grado di organizzare la propria routine quotidiana in modo tale che queste non tolgano spazio alle attività più importanti. Decidiamo quale debba essere il tempo concesso ad attività ricreative, come uscire con gli amici, stare sui social, guardare la televisione e impegniamoci, ogni giorno, ad attenerci a questo piano. Cosa possiamo fare nel concreto per imparare a dare il giusto spazio ad ogni attività e, di conseguenza, organizzarci sempre al meglio? Al fine di avere sempre chiare nella mente le proprie priorità, può essere utile stilare una lista delle cosiddette MIT (*most important tasks*, ovvero un elenco dei nostri obiettivi più importanti): non si tratta di mera lista di cose da fare, ma di un elenco degli obiettivi a cui più teniamo in assoluto e che hanno una maggiore priorità sulle altre attività; non tutti i giorni saremo in grado di dedicare il tempo e le energie che vorremmo e dovremmo ai nostri scopi, tuttavia è utile averli sempre a mente quando ci dedichiamo alle incombenze quotidiane, in modo da aver sempre chiari i nostri obiettivi e porre sempre tutte le nostre attività su una scala di importanza.

Come abbiamo già detto, viviamo in un'epoca caratterizzata da una sovrabbondanza di stimoli non richiesti: pubblicità, social networks, distrazioni di ogni tipo: è importante che impariamo a mantenere la nostra concentrazione, senza isolarci dal mondo ma acquisendo la capacità di filtrare opportunamente ciò che riteniamo superfluo o addirittura dannoso. Il nostro tempo è prezioso, si tratta del bene più importante che possediamo: permettere che qualcosa lo prosciughi potrebbe compromettere fatalmente le nostre possibilità di ottenere dalla vita ciò che veramente vogliamo.

Uscire dalla propria *comfort zone*, la zona di comfort

Ciò che è noto, ciò che è famigliare e sa di casa ci dà conforto e sicurezza. È bello avere un luogo sicuro, ideale o metaforico, al quale fare ritorno quando la vita ci mette di fronte a delle difficoltà ed abbiamo bisogno di un porto sicuro al quale approdare per recuperare il nostro benessere, il nostro equilibrio e tornare in forze. È importante, però, resistere alla tentazione di ripiegare nella propria zona di comfort ogni qualvolta la vita ci ponga una sfida impegnativa: bisogna sviluppare la capacità di affrontare con fermezza e determinazione le difficoltà, sapendo fermarci quando siamo stremati, ma mettendo sempre tutti noi stessi e tutte le nostre forze quando affrontiamo una situazione difficile. Le caratteristiche caratteriali giocano un ruolo importante nel determinare il nostro atteggiamento nei confronti dei problemi e delle sfide, non c'è dubbio: tuttavia possiamo affermare che, come regola generale, gli esseri umani tendono a preferire una vita fatta di certezze, di continuità e di routine collaudate. E questo va benissimo: abbiamo già detto che la capacità di acquisire abitudini ed automatismi sia fondamentale per agire in maniera sempre più spontanea e faticare sempre meno per attuare compiti e incombenze; tuttavia è importante sempre tener presente che rimanere vittime della propria routine, non riuscendo a prescinderne neanche quando ce ne sia la reale necessità, può essere un grande limite per la nostra realizzazione personale.

La vita ci sottopone a sfide che spesso non riusciamo a prevedere: imprevisti, novità, cambiamenti repentini, anche problemi e difficoltà. Ogni vita è diversa dall'altra ed è sempre arduo fare generalizzazioni quando parliamo di psicologia e di comportamento umano: ognuno di noi trova gioia, piacere e conforto in cose diverse, tant'è che a volte facciamo fatica a comprendere come qualcuno possa trovare piacevole una determinata attività, che noi troviamo insopportabile. C'è chi non può rinunciare al caffè mattutino al bar, chi non si alza dal letto prima di aver controllato i propri social, chi deve fumare una sigaretta dopo ogni pasto. Sono tutte ritualità che sorreggono la nostra quotidianità e che ci donano un senso di calma e tranquillità quando e mettiamo in atto. Ma cosa succede se ce ne facciamo a meno?

Come abbiamo già visto, imparare a rinunciare ai piaceri inutili e superflui, o addirittura dannosi (come il fumo o un'alimentazione sbagliata) è uno dei primi passi per sviluppare una maggiore forza di volontà. Prova a privarti di uno dei tuoi rituali quotidiani: cosa accade? Inizialmente sarai confuso, turbato, nervoso, magari sarai di cattivo umore per tutta la giornata. È proprio per questo che occorre liberarsene: non dobbiamo permettere che vi siano azioni, tanto più se sono nocive, imprescindibili per garantire la nostra stabilità emotiva e mentale. È necessario, per essere veramente liberi e forti, rinunciare a qualsiasi tipo di dipendenza, anche a quelle apparentemente più innocue ed insignificanti.

Non si tratta solo di alcol, droga o adrenalina: sono tante le assuefazioni che possono condizionarci notevolmente la vita, incatenandoci in routine che non lasciano spazio alla liberazione della nostra energia vitale e della nostra iniziativa. Dipendenze affettive, automatismi insensati, opinioni rigide e statiche: sono molti i vincoli che possono condizionare la nostra esistenza. Come liberarsene? Non è necessario sconvolgere la propria vita da cima a fondo, rinunciando di punto in bianco a tutte le nostre abitudini: tuttavia, passo dopo passo, è indispensabile affacciarsi fuori e fare capolino dalla propria personale comfort zone, ovvero quella bolla di benessere che tutti si costruiscono intorno a sé e fuori dalla quale si ha difficoltà a muoversi ed interagire. Ognuno, nel corso della sua vita, forgia la sua: una determinata cerchia di persone, un preciso atteggiamento nei confronti degli altri, un metodo di fare le cose (giusto o sbagliato che sia).

Anche le persone vitali, dinamiche ed apparentemente sicure di sé si possono rivelare goffe e spaventate se sottratte alla propria cerchia e alla propria routine: magari sono dei veri e propri portenti quando si tratta di affrontare una difficile discussione sul lavoro, o reggono perfettamente la tensione anche nei momenti più stressanti, ma si sentono totalmente fuori luogo ed a disagio quando devono giocare con dei bambini piccoli! Giorno dopo giorno, allora, è fondamentale forzarsi per uscire gradualmente dalla propria zona di confort e affrontando ciò che ci angoscia, ci spaventa o semplicemente ci fa sentire a disagio: è importante mettersi alla prova cercando volontariamente situazioni difficili o anomale, per imparare a controllare le proprie reazioni ed a gestire le proprie emozioni negative.

Solo quando saremo padroni di noi stessi in ogni circostanza che la vita ci presenta, potremo dirci liberi e realmente disciplinati. Spingiamoci ogni giorno un passo più in là, sempre vigili sulle nostre emozioni e le nostre reazioni psico-fisiche, sempre con convinzione ed entusiasmo: non cedere all'istinto di scappare, di differire i problemi, di rimandarli a data da destinarsi o sotterrarli in modo che siano lontano dagli occhi e lontani dal cuore. Bisogna al contrario combattere l'istinto di fuggire le situazioni problematiche e di disagio, cercando conforto in ciò che sappiamo sicuro e familiare. Naturalmente non occorre agire in maniera incauta, scaraventandoci volontariamente in situazioni che non siamo in grado di gestire o che potrebbero avere conseguenze nocive o addirittura pericolose: è sufficiente procedere con gradualità, non rinunciando mai al buon senso ed alla calma.

Non forziamoci a dire di sì a qualsiasi cosa solo perché vogliamo provare cose nuove: non è necessario passare da una vita sedentaria ad una vita spericolata! Se il massimo di attività fisica che caratterizza la tua vita è una passeggiata in bici al mese nel tuo quartiere, forse dovresti rinunciare, per il momento, all'idea di scalare una montagna! Sono diverse le tecniche che potremmo adottare per educarci, passo dopo passo, ad affrontare situazioni di disagio o di difficoltà. Uno dei possibili stratagemmi che potremmo mettere in atto per abituarci ad uscire gradualmente dalla nostra routine, spronandoci ad affrontare la novità ed a guardare il mondo da una prospettiva differente è la famosa "tecnica del mancino" che consiste nel cercare di usare la mano non dominante (la destra per i mancini, la sinistra per i destrorsi) per svolgere le attività quotidiane. Lavarsi i denti, scrivere, cucinare: cerchiamo, nei limiti del possibile e senza rischiare di fare danni, di imporci l'utilizzo della mano che solitamente teniamo a riposo, in modo da spingere il nostro cervello a riconfigurare l'azione e svincolarla dall'automatismo che, solitamente, la caratterizza. Modificare piccoli aspetti della nostra routine ci consentirà di uscire dalla nostra comfort zone in maniera graduale, senza troppi traumi. Questo esercizio ci sprona a cambiare prospettiva ed a porci delle piccole sfide quotidiane, contribuendo così a farci essere preparati per affrontare quelle più ardue.

Creare nuove abitudini quotidiane

L'essere umano è un animale abitudinario: può sembrare di primo impatto un attributo piuttosto degradante, eppure buona parte delle nostre azioni quotidiane si caratterizzano come mera reiterazione di comportamenti acquisiti in precedenza e riprodotti ciclicamente, quasi in automatico. È proprio questo il punto di partenza sul quale dobbiamo cominciare ad agire per modificare la nostra routine quotidiana: cambiare le nostre abitudini. Possiamo considerarle come dei programmi installati nel nostro cervello che ci consentono di automatizzare certi comportamenti per poterci concentrare su altro; se ci pensiamo, è una grande fortuna che l'essere umano abbia sviluppato questa capacità: pensa se dovessimo prestare la massima attenzione ad ogni nostra azione, se dovessimo sempre avvalerci della nostra totale concentrazione per svolgere una qualsiasi attività quotidiana, dal lavarci la faccia a guidare l'auto, o se dovessimo concentrarci attivamente per muovere ogni singolo muscolo facciale coinvolto nell'espressione di un'emozione. Sarebbe impensabile: riusciremmo a portare a termine pochissime attività prima di ritrovarci sfiniti, mentalmente e fisicamente.

Al contempo, però, dobbiamo sempre essere pienamente consapevoli del grande potere delle abitudini, sia positivo che negativo: l'abitudinarietà può rivelarsi un fardello, una condanna che condiziona in maniera negativa la nostra vita. Dobbiamo essere in grado di riconoscere se una determinata abitudine ci apporti benefici oppure danni, se sia positiva oppure negativa e, nel caso la consideriamo nociva e dannosa, dobbiamo avere la forza di rinunciarci, eradicandola dalla nostra vita. Non si tratta di rinunciare alla propria personalità, alle proprie credenze o al proprio stile di vita, ma di accantonare tutto ciò che nuoce al raggiungimento della nostra realizzazione ed alla nostra felicità, riuscendo in questo modo a non essere più in balia di abitudini negative o dannose, solo apparentemente gratificanti e soddisfacenti ma che con il tempo ci indeboliscono e rendono schiavi della nostra routine. La strada da percorrere sembra indubbiamente lunga e complessa: sono decenni che ci comportiamo sempre allo stesso modo. Sarà troppo faticoso cambiare? Saremo in grado di fronteggiare una sfida simile? Quella di cambiare le proprie abitudini non è un'impresa impossibile: così come sono state acquisite è possibile accantonarle e svilupparne di altre.

Le abitudini sono estremamente difficili da abbandonare: ma così come lo sono quelle negative, lo saranno, una volta acquisite, quelle positive e costruttive: una volta adottate, con pazienza e costanza, sarà un gioco da ragazzi consolidarle e mantenerle nel corso del tempo. Dobbiamo sforzarci di acquisire abitudini positive in modo tale che ad una certa attività venga automaticamente assegnato uno spazio insopprimibile nel corso della propria routine giornaliera: sviluppare questo automatismo renderà estremamente più semplice ed immediata l'attuazione di qualsiasi attività, anche la più gravosa, noiosa o disagevole. Il primo allenamento in palestra sarà incalcolabilmente più faticoso rispetto a quelli del mese successivo, il primo giorno di dieta sarà il più duro di tutti, così come il primo giorno di qualsiasi attività impegnativa sarà più arduo rispetto ai successivi: gli inizi sono sempre ostici, ma se vi impegnate ad essere costanti per un certo lasso di tempo, vi accorgerete che, una volta acquisito un automatismo, tutto si rivelerà incredibilmente più semplice ed immediato e ogni azione vi richiederà un quantitativo di energie incredibilmente inferiore rispetto ai primi tempi. Ma quale meccanismo psicologico riscontriamo alla base dell'acquisizione di una certa abitudine? Come lavora il nostro cervello per acquisirle? Quali processi mentali risultano coinvolti? Sono domande a cui molti scienziati hanno tentato di dare risposta negli anni, dal momento che l'abitudine è uno degli aspetti fondamentali che regola il comportamento umano, come anche quello animale. Ciò che sappiamo è che l'*habit loop*, ovvero il rito dell'abitudine, si caratterizza come un ciclo a tre fasi:

1) Il segnale, ovvero la presenza degli elementi che stimolano ed innescano l'attivazione di un determinato rito abituale;
2) La routine, ovvero la vera e propria attuazione di una determinata abitudine;
3) La gratificazione, ovvero il senso di benessere che segue l'attuazione di un rito abituale.

L'abitudine viene definita come una risposta comportamentale immediata ed automatica ad un determinato stimolo, che viene sviluppata grazie alla ripetizione del suddetto comportamento, quindi ci abituiamo a fare qualcosa ripetendola, reiterandola nel corso del tempo: il nostro cervello acquisirà questo comportamento e lo metterà in atto quando capterà determinati segnali, facendolo seguire da una sensazione di sollievo. Certo, in teoria sembra tutto estremamente semplice e lineare, ma come iniziare a costruire, nel concreto, abitudini positive? Il trucco è presto detto: iniziare gradualmente dalle piccole cose, anche quelle che apparentemente sembrano le più insignificanti e non collegate direttamente ai nostri obiettivi principali. Si può cominciare, ad esempio, imponendosi di portare a termine dei piccoli obiettivi quotidiani: creare delle sane abitudini ci aiuterà a sviluppare un maggiore controllo su noi stessi e potenziare la nostra forza di volontà e la nostra autostima. Rifare il letto la mattina, bere almeno 2 litri di acqua al giorno, imporsi di concentrarsi su una singola cosa per 5 minuti, evitare di consultare i propri profili social ogni 10 minuti: si tratta di piccoli impegni che prendiamo con noi stessi, magari facendo delle brevi liste e assicurandoci, alla fine della giornata, di averli portati tutti a compimento.

La gradualità e la costanza sono le armi segrete per forgiare nuove abitudini: una possibilità da prendere in considerazione per iniziare con calma, passo dopo passo, a fare proprie nuove pratiche ed integrarle alla propria routine quotidiana, può essere la celebre "tecnica dei 30 giorni". Questo "trucco" consiste nell'impegnarsi a rispettare una nuova abitudine, iniziando con un periodo "di prova" di soli 30 giorni: la consapevolezza che si tratti di un impegno limitato nel tempo, ci indurrà ad essere meno intimoriti dalla mole di fatica che dovremo impiegare. Al termine del periodo di 30 giorni, potremo poi decidere se mantenere o meno la nostra nuova buona abitudine. Fidati: arrivato al trentesimo giorno sarà più dura abbandonarla che mantenerla! Dopo un mese di reiterazione, qualunque comportamento viene assimilato e reso un automatismo.

La creazione ed il consolidamento di abitudini, infatti, rende più facile e leggera, addirittura piacevole, l'esecuzione di qualunque mansione, l'importante è cominciare con gradualità e determinazione. Spesso, il passo più difficile da compiere è solo il primo: siamo carichi, siamo motivati, vogliamo con tutto il cuore raggiungere un determinato risultato: eppure, manca sempre quella scintilla che fa concretamente partire tutto. Pianifichiamo il da farsi ma poi, da bravi procrastinatori, rimandiamo tutto, inesorabilmente, a data da destinarsi. A volte quello che manca è solo un piccolo stimolo iniziale, una piccola forzatura. Come uscire da questo circolo vizioso? Potremmo fare appello a qualcosa a cui siamo fin troppo abituati: le coercizioni, gli obblighi, provenienti dall'esterno. Si tratta della cosiddetta tecnica dello stimolo esterno, che consiste nell'architettare una serie di input che hanno la "forma", l'apparenza di obblighi, ai quali siamo più propensi, per abitudine, a prestare attenzione: iscriversi a dei corsi a pagamento, mettersi d'accordo con qualcuno per un programma di allenamento, impostare sveglie, promemoria, scadenze, segnare le deadlines sul calendario. Diamo ai progetti personali la stessa cogenza che caratterizza gli impegni lavorativi, scolastici o famigliari. Naturalmente si tratta di uno "stratagemma" iniziale, che può rivelarsi utile nelle prime fasi: l'obiettivo dell'autodisciplina è quello di trovare dentro sé stessi la motivazione necessaria a portare a termine tutti i propri obiettivi con costanza e dedizione.

Imparare a controllare le proprie emozioni ed i propri istinti

Essere autodisciplinati vuol dire non farsi condizionare e sopraffare dalle proprie emozioni: come abbiamo visto, ogni essere umano è costituito da una componente emotiva/istintiva e da una razionale. La storia della letteratura e della filosofia è ricca di immagini suggestive che simboleggiano questo problematico e spesso conflittuale rapporto tra i diversi elementi che costituiscono la mente umana: in molti hanno scritto del rapporto tra il cuore e la mente, tra l'istinto e la razionalità. Può capitare che le emozioni che proviamo ci mettano a disagio, che non si rivelino essere affatto in linea con ciò che pensiamo a livello razionale oppure con i nostri valori morali e con il tempo un'emozionalità incontrollata può rivelarsi un fardello che ci condiziona negativamente la vita.

Al fine di costruire un approccio più sano e costruttivo con la propria sfera emotiva, occorre innanzitutto accettare che le emozioni non dipendono da noi, non le forgiamo volontariamente, semplicemente le proviamo e noi questo non lo possiamo impedire in alcun modo:

per questa ragione non ha senso che tu ti senta in colpa per quello che provi o che ti forzi di provare a comando determinate emozioni, è qualcosa che non puoi controllare. Quello che invece puoi fare è tentare di comprenderle e gestirle nella maniera più opportuna possibile. Non è una questione di maleducazione o di inadeguatezza: molte persone fanno molta fatica a calibrare le proprie reazioni, per una mera questione caratteriale: ti capita di arrabbiarti per un nonnulla e magari pentirti, successivamente, della tua reazione? A volte la tua emotività incontrollata rischia di rendere pesanti le situazioni? Hai reazioni particolarmente melodrammatiche che, quando ti calmi, ti mettono a disagio? Non tutti gestiscono nella maniera più adeguata la propria sfera emozionale, rischiando di essere, con il tempo, costretti a soffocare o reprimere le proprie emozioni, con conseguenze, molto spesso, nefaste! È importante ricercare un giusto equilibrio emozionale: una pratica utile per imparare a gestire al meglio la propria emotività è quella di differire quanto più possibile la reazione agli impulsi.

Quando proviamo un'emozione fermiamoci e concentriamoci intensamente su di essa: come prima cosa esaminiamola, indugiamo quanto più possibile nell'analizzarla interiormente, sentiamola fino in fondo, notando con attenzione il modo in cui modifica il nostro corpo, come incide sul nostro battito cardiaco, sulla nostra sudorazione, sull'espressività facciale. Se la sensazione che proviamo è particolarmente intensa e rischiamo di reagire in maniera eccessiva ed incontrollata, potremmo mettere in atto degli esercizi volti a calmare la nostra agitazione: concentriamoci sulla regolazione del nostro respiro, ad esempio. Solo alla fine, con quanta più calma possibile, esterniamo una reazione opportuna; il tempo che abbiamo posto tra l'emozione e la sua espressione avrà fatto sì che la nostra reazione sia quanto più calibrata ed adeguata possibile e soprattutto passata al vaglio della nostra razionalità e del nostro controllo cosciente. Se durante i primi tentativi i secondi appariranno interminabili e suderemo sette camicie per contrastare l'impulso ad esprimerci spontaneamente e reagire d'istinto, dopo un po' di pratica troveremo naturale attendere e concederci una pausa riflessiva prima di dare sfogo alle nostre emozioni. Questo atteggiamento sarà di grande giovamento sia alle nostre relazioni interpersonali sia a noi stessi: scopriremo, infatti, che molto spesso basta qualche secondo di riflessione in più per decidere che non vale la pena arrabbiarsi o fare scenate.

Controllare le proprie emozioni non significa neutralizzarle o inibirle: non dobbiamo aver paura di diventare dei robot insensibili incapaci di provare sensazioni e sentimenti umani; lo scopo è quello di far comunicare la nostra emotività con la nostra intelligenza, imparando a gestire ed esprimere le emozioni nella maniera più opportuna e costruttiva.

Questa strategia, per così dire, "attendista" può rivelarsi estremamente utile anche per controllare un impulso che sappiamo essere sbagliato, nocivo o inutile. Anche tu, come Oscar Wilde, sai resistere a tutto fuorché alle tentazioni? Quante volte nel corso della giornata ti senti impotente di fronte all'impulso di fare qualcosa, anche se sai che ti danneggerà? Mangiare un altro snack poco salutare, passare altri 10 minuti sui social, rimandare un impegno importante: come affrontare questi impulsi apparentemente irrefrenabili? Come possiamo migliorare le nostre capacità di autocontrollo? Quali strategie possiamo utilizzare per educarci a non lasciarci travolgere dai nostri impulsi e diventare sempre più padroni di noi stessi? Anche in questi casi possiamo fare appello alla strategia dell'attesa: quando proviamo un impulso irrefrenabile, costringiamoci a fermarci e prendere tempo, stabiliamo di riservarci un certo numero di secondi per valutare con attenzione il nostro istinto. Possiamo, inoltre, abituarci gradualmente a far coincidere un determinato impulso che vogliamo rimuovere con una particolare distrazione che ci svierà dal "commettere" l'azione che vogliamo evitare a tutti i costi: ad esempio, cantare una canzone quando siamo tentati dal cibo spazzatura.

Non farsi buttare giù dai fallimenti

Errare è umano. Se tutti si arrendessero e rinunciassero dopo il primo fallimento, probabilmente l'umanità sarebbe ancora all'età della pietra! Soprattutto durante le prime fasi di un percorso di auto-miglioramento, non dobbiamo aspettarci dei risultati immediati; potrebbero tardare ad arrivare oppure essere molto al di sotto delle nostre aspettative. Davanti ad una delusione, non dobbiamo commettere l'errore di perderci d'animo e di essere tentati di mollare tutto, guardando al bicchiere mezzo vuoto. Come abbiamo ampiamente argomentato, l'autodisciplina è una capacità che si ottiene con il tempo e con fatica, è normale che, agli inizi, potremmo non essere in grado di tenere fede agli impegni che abbiamo preso con noi stessi.

Avere paura di sbagliare o di non ottenere subito quello che speriamo costituisce un grande ostacolo per vivere con serenità le sfide quotidiane e per avere la grinta necessaria ad affrontare ogni nuovo giorno. Uno stratagemma per non perdersi d'animo potrebbe essere quello di stilare, alla fine di ogni giornata, una lista di tutto ciò che abbiamo portato a termine con successo; anche se non avremo fatto quello che ci eravamo promessi, potremo comunque compiacerci dei risultati portati a casa. La strada per la realizzazione è lastricata di insuccessi: impariamo a vivere con positività i nostri errori, facendone sempre occasione di crescita. Quando qualcosa va male chiediamoci sempre il motivo e facciamo degli errori uno stimolo per imparare ed aggiustare il tiro della nostra strategia. Non è detto che il problema risieda nella nostra incapacità o nelle nostre debolezze: molto spesso è la stessa strategia ad essere sbagliata o poco adatta alle nostre inclinazioni. Possiamo avvalerci di consigli di amici o esperti e letture, ma l'elaborazione di un percorso di auto-miglioramento è, in ultima analisi, un'attività empirica, che ognuno dovrà delineare a partire dalla propria personalità e dalle proprie peculiarità.

Concedersi delle gratificazioni

Non possiamo pensare di abolire qualsiasi piacere e gratificazione dall'inizio di un percorso fino a quando non avremo raggiunto il nostro scopo; mettiamo il caso che il nostro obiettivo sia quello di eccellere in un determinato sport per arrivare a praticarlo a livello agonistico: di tratta di un progetto ambizioso, faticoso e, a prescindere da quanto ci impegnano, darà i propri frutti solo nel lungo periodo. Non possiamo pretendere da noi stessi di vivere privandoci di qualsiasi gratificazione fisica e mentale fino a quando non raggiungeremo il nostro obiettivo: è una prospettiva che ridurrebbe chiunque, anche il più motivati, a pezzi. È per questo che, al fine di pianificare una strategia vincente, soprattutto quando si è solo all'inizio del proprio percorso, occorre frammentare e scomporre il proprio progetto in tanti piccoli micro-impegni, in modo da tirare le somme, giudicarsi e, eventualmente, ricompensarsi dopo aver portato a termine ognuno di essi, con cadenza giornaliera, settimanale o mensile.

Apprezzarsi e gratificarsi dopo aver riportato un successo, costituisce un elemento di fondamentale importanza al fine di accrescere la propria autostima e la propria energia vitale: queste ci daranno la forza necessaria per affrontare con maggiore forza e convinzione le sfide successive. È, quindi, importante trovare un modo per gratificarsi dopo ogni sforzo, per creare un incentivo, uno sprono a fare sempre meglio ed a dare sempre di più. Oltre ad un indispensabile recupero delle energie e delle forze, fondamentale per essere sempre al massimo delle proprie capacità, è importante concederci periodicamente delle piccole gratificazioni, dei riconoscimenti che ci possiamo concedere come premio del duro lavoro svolto. In pedagogia e nella scienza dell'educazione si fa spesso riferimento al concetto di "rinforzo": quando un bambino compie un'azione corretta, per fare in modo che sia recepita come abitudine che non sia accantonata con il tempo, è importante che venga ricompensata con qualcosa di piacevole, che sia un giocattolo, una leccornia o semplicemente delle attenzioni in più. Far seguire ad un comportamento una gratificazione risulta essere una delle strategie vincenti per cementare una determinata buona abitudine. D'altronde è la prassi che si utilizza anche con gli animali domestici: ad una buona azione segue il biscottino o una carezza. Così come funziona per i bambini e per gli animali, può funzionare per i più grandi!

Quando sei particolarmente soddisfatto di te stesso e dei risultati che hai raggiunto, puoi concederti una gratificazione che ti ricompensi del duro lavoro fatto. Che sia una cena nel tuo ristorante preferito, un weekend fuori, una vacanza a cui pensi da tempo, un oggetto che desideravi acquistare, oppure semplicemente un momento di relax. I cosiddetti "rinforzi positivi" ti consentiranno di acquisire nel modo più immediato ed agevole le abitudini positive che vuoi apprendere. Certo, cerca di non esagerare e calibra sempre la ricompensa all'effettivo sforzo: concederti un'intera torta per premiarti dopo una breve sessione di esercizi, renderebbe vano l'allenamento stesso e sarebbe una gratificazione oltremodo sproporzionata!

Sviluppare la propria capacità di concentrazione

Abbiamo lasciato come ultimo il punto che, se proprio fossimo costretti a scegliere, dovremmo individuare, forse, come il più importante di tutti: la capacità di raggiungere e mantenere la concentrazione si costituisce come uno dei pilastri fondamentali in qualsiasi percorso di crescita personale. Non puoi ambire a sviluppare una maggiore autodisciplina se prima non impari a concentrarti profondamente ad a lungo sulle attività che decidi di svolgere, sulle tue emozioni, sui tuoi pensieri, come anche (e si tratta solo in apparenza un paradosso) sul nulla.

Abbiamo già detto di come le società in cui la maggior parte di noi si trova a vivere siano caratterizzate da una sorta frenesia, di impazienza, di stress cronico; notizie, notifiche, fretta, risultati immediati: è come se tutti i giorni fossimo sottoposti ad una continua pressione, ad un rumore di sottofondo costante che non ci lascia mai tranquilli e non ci permette di avere il giusto tempo di dedicarci con attenzione e calma alle nostre attività. Uno dei valori che la nostra società ci veicola continuamente tramite i mezzi di comunicazione è quello dell'istantaneità, dell'immediatezza, della velocità. Tutto può, anzi deve, essere ottenuto subito: risultati immediati, facilità d'uso, zero stress e zero pensieri, soddisfatti in 15 giorni o rimborsati! Sono i ritornelli tipici delle pubblicità. Tutto, allora, sembra che debba essere necessariamente facile, veloce, pratico, che ogni cosa debba filare liscia come l'olio. Siamo ormai abituati a pretendere risposte rapide e chiare: mai come oggi abbiamo avuto la possibilità di avere informazioni fulminee, svolgere con rapidità molte incombenze quotidiane.

Naturalmente nessun sognerebbe di negare gli incredibili benefici che tali possibilità tecnologiche ci hanno donato, tuttavia bisogna essere consapevoli che non tutto è ottenibile in questo modo: molti obiettivi potremo perseguirli solo attingendo alla costanza ed al duro lavoro. È importante, per venire a capo di questa agitazione e frettolosità cronica, imparare a staccare la spina: non nel senso di ritirarsi in sé stessi e chiamarsi fuori dal mondo e dai suoi problemi, ma imparando a vivere dentro la propria dimensione personale, riuscendo a mantenersi saldi ed ancorati a sé stessi, sempre centrati a prescindere di quello che accade al di fuori di noi. È necessario che la nostra mente sia educata opportunamente e non deve avere mai la possibilità di sottrarsi al nostro controllo e vagare liberamente ogni volta che vuole: quante volte durante la giornata ti trovi in preda di divagazioni che non riesci a controllare?

Non solo quando sei sdraiato a prendere il sole in spiaggia, assorto e con lo sguardo rivolto all'orizzonte, ma anche quando ti trovi in una situazione che richiederebbe la tua massima concentrazione e la tua presenza mentale; quante volte ti ritrovi a vagare in un labirinto di pensieri per nulla attinenti a ciò di cui ti stai occupando in un determinato momento? È necessario che ti alleni a mantenere ben salde le redini della tua mente. Un ottimo proposito: ma come fare? Da dove iniziare? Non è necessario che tu sottoponga ad un controllo rigido e serrato ogni singolo aspetto della tua vita o che tu costruisca intorno a te un ambiente asettico ed impersonale, nel quale non sia concessa la possibilità di concedersi dei momenti di libertà e relax: d'altronde sarebbe umanamente impossibile, con il tempo sfibrante e quindi controproducente.

Realisticamente, non è possibile mantenere la concentrazione in maniera continuativa nel corso di tutta la giornata: abbiamo bisogno di alternare momenti di impegno mentale intenso a momenti in cui ci lasciamo andare, concedendoci una pausa per rilassarci e recuperare le forze. In fondo la confusione è, per certi versi, la disposizione naturale della nostra mente, non possiamo eradicarla in maniera totale e definitiva: concediamoci sempre uno spazio per far vagare liberamente i nostri pensieri, in modo da essere sufficientemente. Tendiamo a non pensarci, o addirittura a non accettarlo, ma il nostro cervello è un organo come un altro e come fegato, cuore e reni ha bisogno di nutrimento, di riposo ed eventualmente di cure. Per garantirci sempre prestazioni ottimali ed ottenere il massimo delle performance in fatto di concentrazione è necessario occuparci del nostro benessere psico-fisico, alimentandoci in maniera sana ed equilibrata e assicurandoci un opportuno riposo quotidiano: a seconda dell'età e dello stile di vita, ognuno di noi è caratterizzato da un differente fabbisogno quotidiano di ore di sonno; è importante, per massimizzare le proprie capacità cognitive, garantire al nostro cervello, ed al nostro corpo, un riposo opportuno e soddisfacente. Vi sono molte tecniche e metodi di cui potremmo avvalerci per potenziare le nostre capacità di concentrazione, ognuno può sperimentarne diversi e trovare quella più adatto al proprio caso: non c'è una regola assoluta valida per tutti.

Qualcuno trae giovamento dal lavorare in un ambiente calmo e silenzioso, mettendo al bando qualsiasi distrazione e suono; altri, invece, riescono a trovare una concentrazione ottimale lasciando un rumore di sottofondo, come la musica o la TV, i rumori esterni. Ti suonerà piuttosto bizzarra come indicazione, ma è molto utile imparare a preoccuparsi in "maniera programmata". Ognuno di noi ha il suo personale fardello di matasse da sbrogliare, problemi difficili da risolvere, o addirittura irrisolvibili, ricordi negativi che ogni tanto ci fanno visita, preoccupazioni per il futuro: è normale, non possiamo pensare di sopprimere tutti questi pensieri e nemmeno forzarci ad ignorarli troppo a lungo. Ciò puoi fare affinché questa "negatività" non rischi di configurarsi come sottofondo costante delle tue giornate, impedendoti di mettere tutta la tua energia nelle tue attività, è ritagliarti, anche quotidianamente, uno spazio privo di altri impegni da riservare alle preoccupazioni, a rimuginare su qualcosa che non ti sconfinfera, a porti delle domande esistenziali, insomma tutto quello che non è propriamente costruttivo e configurabile come impegno produttivo. Il conferire uno spazio delimitato alla preoccupazione, addirittura all'ansia, ci permetterà di vivere in maniera più serena il resto del nostro tempo; certo, l'ideale sarebbe che non provassimo questo tipo di preoccupazioni e che ci mettessimo in moto per risolverle nel corso del tempo; in mancanza di alternative risulta comunque un buon compromesso per limitarne i danni che potrebbero infliggere quotidianamente alla nostra mente.

Come abbiamo visto, sono molti e vari gli aspetti da considerare quando iniziamo un percorso verso l'autodisciplina: ognuno forgerà il proprio su sé stesso, sulle sue caratteristiche e sui suoi obiettivi. Ogni individuo trae giovamento da metodi e tecniche diverse: soprattutto negli ultimi anni, per rispondere ad un bisogno pressante e profondo da parte di molte persone, si stanno diffondendo e stanno prendendo piede molte tecniche differenti che possono aiutare a trovare la propria dimensione e la propria armonia nel caotico mondo contemporaneo: la meditazione trascendentale, le tecniche mindfulness, le varie filosofie orientali, come anche metodologie più pragmatiche dall'apparenza più occidentale e scientifica. Il tuo obiettivo è quello di riuscire a districarti in questo groviglio di possibilità e trovare il percorso più adatto a te.

I vantaggi dell'autodisciplina nella vita personale e lavorativa

"La disciplina è la scelta di realizzare ciò che si vuole veramente, facendo le cose che non si vogliono fare." - John Maxwell

L'autodisciplina per diventare persone più autorevoli

Sviluppare la propria autodisciplina rappresenta una delle chiavi di volta per proiettare intorno a sé un'immagine di sicurezza e di determinazione: se la tua ambizione è quella di ottenere una maggiore autorevolezza è necessario che, in primo luogo, ti impegni ad ottenere un maggiore controllo su te stesso, sulle tue emozioni e sulle tue azioni. Essere persone autorevoli è molto diverso da essere persone autoritarie: affinché gli altri ci considerino e conferiscano il giusto peso a ciò che diciamo e a ciò che facciamo, non è sufficiente essere persone rigide, severe o pedanti; questo servirà solo a suscitare insofferenza o, peggio, ad incutere timore nel nostro prossimo.

La coerenza ed il controllo di sé sono qualità fondamentale da possedere al fine di acquisire una maggiore credibilità e guadagnarsi il rispetto di chi ci sta di fronte: si tratta di caratteristiche particolarmente preziose da possedere per chi occupi una posizione di comando o di responsabilità. Un vero leader non dovrà, infatti, mai trovarsi in balia degli eventi esterni o delle proprie emozioni: se, in una determinata circostanza ti ritrovi ad essere il responsabile, non puoi permettere che il tuo stato emotivo condizioni la tua giornata ed il tuo rendimento dal momento che, indirettamente, le tue scarse performance o il tuo pessimo umore potrebbero avere un impatto negativo su quelle dei tuoi sottoposti o dei tuoi dipendenti e sulla buona riuscita dei progetti di cui ti occupi. E qui non stiamo parlando solo di amministratori delegati o dirigenti di grandi società, oppure di politici e persone di grande successo: l'acquisizione di buone capacità da leader possono costituire un beneficio per chiunque sia responsabile del lavoro e del benessere di altre persone, per chiunque abbia il dovere di badare e vigilare su altre persone. Insegnanti, maestri, dirigenti, genitore, chiunque abbia a che fare con bambini o adolescenti: dimostrare, concretamente e con i fatti, di possedere una buona dose di autocontrollo, di tenacia e di costanza costituisce una garanzia per essere persone affidabili di cui gli altri di fidano.

Un esempio vale più di mille parole: non possiamo pretendere dagli altri ciò che noi stessi non siamo in grado di portare a termine: in molti casi si rivela inutile sapere molto bene cosa fare, conoscere a menadito la teoria quando non si possieda la forza mentale e la volontà necessari a portare a termine un impegno fino in fondo. La costanza, la concentrazione, il controllo...sono tutte qualità fondamentali da sviluppare per ottenere successo nella propria vita personale e lavorativa, qualunque sia il nostro settore. Molto spesso persone brillanti e preparate, dalle potenzialità sconfinate, operano su sé stesse una vera e propria opera di sabotaggio, impedendosi di mettere a frutto le proprie doti naturali e le proprie inclinazioni.

Le caratteristiche caratteriali innate e sviluppate a partire dalle nostre esperienze hanno una certa incidenza, non c'è dubbio: ci sono persone naturalmente portate alla calma ed alla concentrazione, predisposte a lavorare a testa bassa ed a portare a termine ciò che hanno iniziato, offrendo un esempio positivo alle persone che hanno intorno e contribuendo a motivarle per il proprio lavoro; al contrario molte persone tendono a divagare, a deconcentrarsi, iniziare mille progetti non portandone a termine nessuno, costituendo un ostacolo ed un elemento di fastidio per gli altri, oltre che per sé. Avere un capo poco costante e risoluto, potrebbe costituirsi come una delle peggiori condizioni di lavoro in assoluto! Tutti possiamo cambiare noi stessi in meglio grazie alla nostra forza di volontà e nessuno deve sentirsi escluso dalla possibilità migliorare e raggiungere i propri traguardi. È estremamente riduttivo sostenere che si nasca leader o gregari: ognuno può lavorare su sé stesso per ottenere l'atteggiamento giusto per affrontare al meglio le circostanze e le sfide che la vita ci pone.

L'autodisciplina per sviluppare l'intelligenza emotiva

Molte delle persone che eccellono nella risoluzione di problemi pratici e concreti, si rivelano piuttosto goffe ed impacciate nelle relazioni con gli altri; oppure capita di incontrare persone dinamiche e di successo che mostrano gravi lacune per quanto riguarda la capacità di ascoltare e comprendere empaticamente il prossimo. Nessuno di noi è perfetto e spesso ad un grande pregio corrisponde un altrettanto grande difetto o incapacità. L'educazione, scolastica e non solo, appare per lo più improntata all'acquisizione di nozioni e allo sviluppo dell'intelligenza logica, quella razionale propriamente detta. Quello che potremmo imputare ai comuni percorsi scolastici è la mancanza di spazio dedicato allo sviluppo della capacità di gestione delle proprie emozioni e di comprensione di quelle altrui. L'empatia si configura come una delle skill fondamentali per avere delle relazioni positive e costruttive con gli altri, siano familiari, colleghi, amici, semplici conoscenti.

Avere la capacità di interfacciarsi con comprensione ed intelligenza all'emotività dell'altro è una delle abilità che ci assicureranno una vita personale e lavorativa armoniosa e priva di conflitti. Resa celebre da un libro dello psicologo Daniel Goleman, l'espressione "intelligenza emotiva" è oggi sinonimo della capacità di comprendere e gestire le emozioni, sia le proprie che quelle altrui al fine di creare con il prossimo un rapporto fondato sull'empatia. L'autodisciplina si configura come uno dei presupposti fondamentali per poter ambire a sviluppare una maggiore intelligenza emotiva nella gestione delle nostre relazioni: solo chi possiede un profondo controllo su di sé e sulla propria sfera emotiva riesce ad analizzarsi con attenzione ed a gestire le proprie reazioni. A chi sia in balia della propria emotività risulta estremamente arduo comprendere la natura delle proprie emozioni e di quelle altrui, come anche di calibrare delle risposte costruttive e positive: esercitare un maggior controllo su noi stessi ci consentirà, come abbiamo visto in precedenza, di prendere tutto il tempo di cui abbiamo bisogno per capire quello che proviamo e non reagire l'impulso, compromettendo, in questo modo, le nostre interazioni.

L'autodisciplina nella vita di tutti i giorni

Chi va piano va sano e va lontano: pensare di poter sconvolgere dalle fondamenta la tua esistenza da un giorno all'altro ti potrà sembrare esaltante ed eccitante, ma non ti condurrà lontano. Lo sprint iniziale andrà scemando in breve tempo e ti ritroverai presto al punto di partenza, anzi starai significativamente peggio, perché saprai di aver fallito nel tuo obiettivo. Prendere di petto i problemi non significa agire in maniera frettolosa e poco organizzata: la pianificazione e la gradualità sono l'unica garanzia di successo nel lungo termine. Sono molteplici gli aspetti della nostra vita quotidiana che possono trarre vantaggio dal possesso di una maggiore autodisciplina: quanti lavoretti hai lasciato in sospeso? Quanti week-end rovinati dall'accumulo di incombenze che avresti potuto portare a termine nel corso della settimana? Quanti disagi ti saresti potuto risparmiare se avessi affrontato per tempo tutti i piccoli problemi che poi sono diventati grandi? Insomma, quanti danni ti ha causato l'attitudine alla procrastinazione?

Essere indisciplinati è una di quelle caratteristiche che danneggia inesorabilmente ogni aspetto singolo della nostra vita, da quelli considerati più importanti come il lavoro e le relazioni personali, a quelli, per certi versi, più marginali, come lo svolgimento dei lavoretti di casa, delle faccende, delle commissioni, dell'organizzazione delle vacanze o delle ferie. Tuttavia, l'autodisciplina può imprimere una svolta estremamente significativa alla nostra vita, anche a partire anche da queste piccole cose: un maggiore controllo ed una maggiore organizzazione ci garantiranno più tempo libero, una maggiore efficienza, un risparmio economico, minore stress ed ansia. Anche tu hai, da qualche parte in casa o in ufficio, la famigerata e temuta lista delle cose da fare? Piccoli impegni che rimandi magari da anni e che non ti decidi mai a concludere. Molte di queste sono sciocchezze, compiti da niente, eppure non trovi mai la forza di volontà per dedicare quel tempo necessario a cancellarle dalla lista. Non rimandare a domani ciò che puoi fare oggi: conosciamo tutti il proverbio, ma quanti di noi lo mettono effettivamente in atto? Dobbiamo imparare a portare a termine i nostri impegni il prima possibile, in modo che non diventino fardelli che possono appesantirci durante il percorso e prosciugare le nostre energie mentali.

È molto celebre in tutto il mondo il metodo elaborato da David Allen, chiamato "Get Things Done" (in italiano, fare in modo che le cose vengano fatte): si tratta di una serie di principi volti ad ottimizzare la nostra gestione quotidiana di impegni ed incombenze e si basa su questi elementi fondamentali:

- elaborazione di un "sistema fidato" che funga da registro e promemoria dei nostri impegni;
- raggruppamento delle azioni non per tipologia ma per luogo di svolgimento;
- non fare distinguo tra impegni personali e lavorativi;
- se un'azione può essere fatta in meno di due minuti va fatta subito

- non essere in balia degli input esterni e delle notifiche, destinare un momento preciso della giornata a processarli;
- fare un resoconto del lavoro svolto durante la settimana e programmare la successiva;
- potrebbe essere un ottimo spunto smettere di procrastinare e cominciare a rendere più produttive le nostre giornate: i benefici non tarderanno ad arrivare!

L'autodisciplina per ottenere migliori risultati nello studio e nello sport

Far in modo che i bambini ed i ragazzi sviluppino la giusta forza di volontà per portare a termine i loro impegni è una delle preoccupazioni principali di genitori, nonni, insegnanti ed educatori; molto spesso si ha come l'impressione che smuovere i più giovani, spronandoli a dare sempre il meglio di sé nello studio, nello sport e nei vari impegni quotidiani, sia un'impresa titanica destinata, il più delle volte, al fallimento: è difficile spingere i giovani a dedicarsi a qualcosa di diverso dai giochi, dalle uscite con gli amici e dai social networks, ogni età ha la sua attività preferita, che sovrasta tutte le altre. "se ti applicassi saresti uno dei migliori della tua classe!", "se mettessi lo stesso impegno che metti nei videogiochi nella vita reale, saresti bravo a fare tutto!": sono frasi di rimprovero che bambini e ragazzi si sentono ripetere in maniera continua, quando non assillante.

Come abbiamo visto, essere autodisciplinati rappresenta una sfida impegnativa anche per gli adulti che capiscano perfettamente l'utilità di determinate azioni, abitudini, atteggiamenti: pensiamo come possa essere arduo per i più giovani, che magari faticano a comprendere il senso di determinati impegni e si sentono spinti da più fronti e sin dalla più tenera età a svolgere molte attività che ritengono noiose e faticose e delle quali non capiscono l'utilità. Non dimentichiamoci, inoltre, delle differenze che distinguono un cervello di un adulto da quello di un bambino: la corteccia cerebrale del più giovani, infatti, non è del tutto sviluppata, quindi non possiamo pretendere lo stesso autocontrollo e la stessa costanza che potremmo chiedere ad un adulto.

Ciò che occorre sottolineare è che, molto spesso, gli adulti si rivelano assolutamente incapaci non solo di fornire il buon esempio, ma anche di aiutare e supportare i più giovani nello sviluppo di una maggiore autodisciplina e di un maggior autocontrollo, fornendo loro indicazioni su come acquisire un maggiore metodo ed un maggior controllo su sé stessi. Le costrizioni e le imposizioni possono essere, a lungo andare, strumenti assolutamente controproducenti: una attività svolta controvoglia sarà un'attività svolta male, che darà risultati e benefici minimi e che sarà abbandonata non appena ve ne sia l'occasione. L'imposizione rigida e severa di metodo e disciplina sembra configurarsi solo apparentemente come la soluzione più efficace e rapida, anche se punizioni e costrizioni sembrano, in molti casi, essere i soli provvedimenti a portare dei cambiamenti tangibili: molti genitori si giustificano affermando di non avere alternative percorribili e che se anche in quel momento i ragazzi la vivono come una sofferenza, le sapranno apprezzare una volta diventati adulti.

Ciò che bisogna fare per aiutare i ragazzi a dare il meglio di sé è spingerli a trovare in loro stessi la giusta motivazione e la giusta soddisfazione nelle cose che fanno e di cui si occupano; come per ogni altro aspetto della vita, un esempio vale più di mille parole: se il proprio genitore si mostra pigro, svogliato, incoerente ed incapace di portare a termine un qualsiasi impegno, non costituirà di certo un buon modello per i propri figli e sarà inevitabilmente preso poco sul serio quando li spronerà ad impegnarsi di più ed a dare il meglio in ogni attività. Ciò di cui bambini e ragazzi traggono maggior giovamento sono le regole imposte in maniera costruttiva e ragionata: il troppo storpia, bisogna sempre essere attenti a non pretendere troppo, sovraccaricando i giovani con mille impegni ed attività.

Bisogna, inoltre, avere l'astuzia e la lungimiranza di trovare una maniera per far apprezzare certe attività ai più piccoli: gratificazioni e premi sono prospettive che spingono i bambini ed i ragazzi ad eseguire con più piacere e convinzione le proprie attività. Lo studio è, indubbiamente, una delle problematiche principali che i ragazzi, ma non solo, si ritrovano ad affrontare: cosa possiamo fare per vivere nella maniera più serena e produttiva possibile lo studio? Qualcuno la scuola la ricorda con nostalgia, qualcuno, ancora in età adulta, vede i propri incubi popolati da ricordi di lezioni, compiti in classe, paure, angosce, lo stress per la maturità, e così via. Molti adulti hanno vissuto male li anni della scuola e molti ragazzi, oggi, la stanno vivendo male, non c'è dubbio. Ciò che in molti imputano ai propri insegnanti è quella di aver focalizzato il percorso di studio più sulle nozioni che sul metodo di studio; diciamocelo con franchezza, cosa ricordiamo di quello che abbiamo imparato a scuola? Quante formule, poesie, biografie? Poche. Soprattutto al giorno d'oggi, gli insegnanti dovrebbe preoccuparsi di fornire, in primo luogo, un metodo di studio adeguato, fornendo dei criteri e delle pratiche utile per organizzare al meglio i propri impegni, scolastici e non.

L'approccio allo studio deve essere anche opportunamente aggiornato: vivendo in un'epoca in cui moltissime informazioni sono reperibili istantaneamente con il proprio smartphone, un percorso di formazione centrato sulla memorizzazione di mere nozioni risulta essere decisamente obsoleto: a maggior ragione quello che un educatore dovrebbe innanzitutto prendere a cuore è aiutare i propri alunni a sviluppare un'adeguata capacità di concentrazione ed un metodo di studio finalizzato a perseguire i propri impegni con costanza e determinazione. Si parli di studenti dottorandi o alunni della prima elementare, lo studio può presentare spesso fonte di stress e preoccupazione: c'è chi nell'intera vita non riesce a sviluppare un metodo di studio efficace e si trova sempre in preda a scadenza prossime e notti in bianco sui libri. ognuno ha le sue preferenze personali tuttavia vi sono dei suggerimenti di cui chiunque può trarre certo giovamento:

Stabilire una routine quotidiana di studio: programmare la giornata in modo tale che vi sia spazio sufficiente sia per le attività più impegnative che per quelle ricreative.

Creare un ambiente preposto allo studio: ognuno ha le sue preferenze, c'è chi necessita del silenzio assoluto e non può tollerare neanche un vociare lontano, e chi invece cerca il sottofondo della radio o della tv per ottenere maggiore concentrazione.

Non ignorare le scadenze: ritrovarsi con tutto il lavoro da fare in poco tempo è una delle principali cause di scarso rendimento e di stress;

Concedersi delle pause: la mente ha bisogno di riposo e, come abbiamo visto, non è possibile mantenere la concentrazione per troppo tempo;

Gratificarsi per i risultati: premiare i risultati e l'impegno sono un ottimo incentivo per fare sempre meglio.

Molti genitori spingono i figli verso la pratica di varie attività sportive non solo per una questione di salute fisica, ma anche per fornire loro un modo di apprendere ed esercitare la costanza e la disciplina: tre volte alla settimana si va in piscina, il fine settimana si va in bici al parco, dopo l'allenamento ci si fa la doccia e si lavano i capelli, la borsa va preparata dalla sera precedente: sono tutti impegni e routine che giovano alla responsabilizzazione di bambini ed adolescenti. L'attività agonistica può insegnare ai giovani a gestire opportunamente l'ansia, a lavorare in squadra, ad accettare le sconfitte. Una volta cresciuti e svincolati dal controllo ferreo dei propri genitori molti rinunciano a praticare qualsiasi attività, anche nel caso in cui si fossero raggiunti risultati notevoli in un certo sport.

La fine dell'obbligo coincide molto spesso ad una rinuncia totale a qualsivoglia attività: ma come fare ad acquisire la costanza necessaria per portare a avanti nel tempo un'attività sportiva, resistendo alla tentazione di mollare tutto alla prima difficolta? Le palestre ed i centri sportivi abbondano di "frequentatori occasionali": molte persone si iscrivono dopo le feste o prima della prova costume e resistono, ben che vada, per un mese scarso. Approcciarsi allo sport in maniera disciplinata vuol dire innanzitutto fare i conti con la propria condizione fisica e con i propri limiti: iniziare con troppa foga e con un'energia che non potremo mantenere per lungo tempo è uno dei principali motivi che ci spingono a demordere. Stabiliamo, magari avvalendoci del supporto di un coach, un programma realistico e fatto su misura sulle nostre esigenze e sui nostri obiettivi: se siamo in evidente sovrappeso l'obiettivo difficilmente sarà quello di avere dei bicipiti scolpiti: iniziamo un passo alla volta. Cominciamo con il perdere quei chili di troppo, poi aumentiamo la nostra capacità cardio e poi ancora mettiamo su qualche chilo di muscolatura e solo alla fine potremo pensare al risultato estetico che tanto bramavamo. A molte persone proprio non va giù l'idea di fare attività fisica costante: cosa puoi fare per rendere meno gravoso questo impegno? Un'idea può essere quella di fare attività fisica di mattina, togliendoci il pensiero come se fosse un dente cariato: sentiremo quel piacevole e soddisfacente senso di stanchezza fisica accompagnarci tutto il giorno. Chi non si interessa di fitness lo troverà assurdo ma l'attività fisica crea dipendenza: dopo qualche tempo di allenamento costante il nostro corpo attiverà dei meccanismi che ci indurranno a cercare l'attività fisica! Arrivati a questo punto, il gioco è fatto!

Letture consigliate

Come sappiamo, al giorno d'oggi il web rappresenta una grande risorsa per reperire informazioni utili su pressoché ogni argomento: in brevissimo tempo puoi reperire una mole sconfinata di contenuti, qualunque sia il tuo interesse. Ma, come sicuramente saprai, la rete può costituire uno specchio per le allodole nel caso in cui non si abbiamo gli strumenti culturali opportuni per filtrare le informazioni fondate da quelle poco attendibili e fuorvianti. Internet pullula di informazioni relative alla crescita personale: siti, blog, pagine social, canali YouTube; sul web è possibile trovare guru di ogni tipo che ti consigliano su come aumentare la tua autostima, le tue performance lavorative, la tua intelligenza emotiva, ovviamente l'auto-disciplina non fa eccezione. Alcune di queste fonti risultano valide e serie, altre molto meno. Per questo abbiamo selezionato una piccola bibliografia di libri che potrebbero essere d'aiuto ed essere di ispirazione a chi voglia intraprendere un percorso personale con l'obiettivo di raggiungere una maggiore disciplinamento di sé.

"Il Club delle 5 del mattino: inizia presto la giornata, dai una svolta alla tua vita" di Robin Sharma

Robin Sharma è autore canadese celebre in tutto il mondo per i suoi libri sulla crescita e sulla realizzazione personale, molti dei quali si sono rivelati dei veri e propri best-seller. Tema centrale di questo testo è l'importanza di acquisire determinate abitudini per imparare ad essere più produttivi: in particolare l'autore sottolinea la grande importanza di svegliarsi preso la mattina, facendo propria una morning routine che sfrutti al meglio proprio le prime ore della giornata. Svegliarsi presto la mattina, addirittura alle 5:00, è garanzia di una maggiore produttività e di un migliore utilizzo della giornata: dedicare la prima parte della mattina, in cui la maggior parte del resto del mondo dorme o comunque non è operativo al cento per cento, alla meditazione di fronte ad una tazza di tè o ad una moderata attività fisica ci aiuta a valorizzare le nostre doti e, più in generale, a migliorare la qualità della nostra vita.

Abituare il nostro corpo ad essere operativo sin da queste ore può di primo impatto sembrare una cosa insana, specialmente nei mesi invernali in cui a quell'ora è ancora buio pesto, ma successivamente, superato il trauma iniziale e trasformato in routine, ci garantirà di aumentare il carico di attività giornaliere che siamo in grado di portare a termine e dedicare quindi al riposo quelle ore di fine giornata in cui comunque, ostacolati da distrazioni o anche semplicemente dalla stanchezza, non saremmo stati in grado di dare il massimo. Cominciare bene è il primo passo per portare a termine con successo i propri progetti, perché, allora non impegnarsi per cominciare al meglio ogni giorno? D'altronde, il mattino ha l'oro in bocca!

"Grinta. Il potere della passione e della perseveranza" di Angela Duckworth

Questo libro individua nella forza d'animo e nella costanza i veri ed unici ingredienti fondamentali per il successo, spodestando così quello che da sempre, dalla maggior parte di noi, era considerato l'elemento principale per la realizzazione personale: il talento. L'autrice del libro, oltre ad analizzare la "grinta" e la determinazione da un punto di vista puramente scientifico, riportando i risultati delle recenti ricerche svolte su diverse tipologie di performance, arricchisce il testo con le testimonianze di decine di persone che grazie alla loro tenacia, determinazione e perseveranza hanno ottenuto il successo che desideravano, come ad esempio Pete Carroll, noto allenatore di football americano, oppure Bob Mankoff, cartoon editor del New Yorker. Ma il messaggio più interessante che forse questo libro veicola è questo: bisogna sempre far tesoro dei fallimenti e degli insuccessi per ambire alla vera ed autentica realizzazione personale.

"Il potere delle abitudini: come si formano, quanto ci condizionano, come cambiarle" di Charles Duhigg

Con questo interessante saggio, il giornalista statunitense Charles Duhigg affronta l'articolato e complesso tema delle abitudini. Offrendoci una panoramica generale sulle attuali conoscenze psicologiche e neurologiche sull'argomento, l'autore espone quali siano le dinamiche che si trovano alla base della creazione delle abitudini, al fine di sviluppare un maggiore controllo su di esse ed utilizzare questa grande capacità innata a nostro vantaggio, individuandone gli indubbi pregi ma anche i potenziali problemi. Le abitudini sono reazioni più o meno inconsapevoli che il nostro cervello memorizza e mette in atto in un processo automatizzato, al fine di dare una risposta ad un determinato stimolo di tipo fisico, emotivo o mentale: la nostra mente agisce in questo modo con l'obiettivo di risparmiare energia e per consentirci l'attuazione di reazioni che risolvano rapidamente una situazione nota. L'autore ci mette in guardia: le abitudini possono trasformarsi in dei veri e propri punti deboli, che ci impediscono di affrontare di petto un problema, o addirittura, ce ne creano di peggiori.

Tuttavia, non dobbiamo guardare alle abitudini come ad una condanna: è possibile, con impegno uscire dal loro circolo vizioso: l'autore cita l'esempio di Mandy, una ragazza che, non riuscendo a smettere di mangiarsi le unghie, si rivolge ad uno psicoterapeuta; seguendo le sue indicazioni riuscirà a non ripetere più il gesto grazie ad una cosiddetta "risposta concorrente", ovvero quando avrebbe sentito l'impulso di mangiarsi le unghie avrebbe messo le mani in tasca stringendo i pugni.

"La regola dei 5 secondi" di Mel Robbins

L'autrice di questo testo racconta come, in un momento di grande difficoltà personale, abbia sviluppato un particolare meccanismo di reazione agli eventi della vita: una volta ottenuti i benefici, ha deciso di condividere la sua ricetta per la risoluzione dei problemi, grandi o piccoli che siano, con il mondo. Il conto alla rovescia da 5 a 1 è uno "stratagemma" che ci permette di interrompere l'abitudine ad esitare ed a dubitare della buona riuscita di ciò che dobbiamo fare e ci costringe a concentrarci solo sull'azione compiere, prescindendo dalle insicurezze che ci tormentano e ci impediscono di andare avanti; agire senza esitare ogni giorno, con coraggio e consapevolezza, accresce la nostra autostima e ci garantisce, con il tempo, di fare esperienze sempre nuove, che magari fino a quel momento abbiamo solo sognato di fare poiché non ci siamo mai ritenuto all'altezza. Inoltre, concentrarci sui pensieri positivi a dispetto di quelli negativi ci aiuta a sconfiggere l'ansia e, a poco a poco, ci abitua ad essere più sicuri di noi stessi e della riuscita delle nostre azioni; alimentare le relazioni sociali avendo più coraggio di dire ciò che si pensa ci aiuta a rendere i rapporti con le persone che frequentiamo ogni giorno sempre più autentici e profondi. Queste sono alcuni degli ingredienti della regola dei 5 secondi, che ci permette di dare un taglio netto ad una vita limitata da esitazioni, rimpianti e stagnazione.

"Mindset. Cambiare forma mentis per raggiungere il successo" di Carol Dweck

Con questo testo, l'autrice si sofferma sul problema della staticità mentale, un atteggiamento che può apparentemente sembrare innocuo ma che, in realtà, influenza negativamente il nostro processo interpretativo, rendendolo estremamente ripetitivo e limitato. Nel libro vengono proposti degli esempi di alcuni modi di fare sterili ed improduttivi e viene fatto notare come questi abbiamo come comune denominatore un'eccessiva fretta di giudicare e di lasciarsi quanto prima i problemi alle spalle. Se, al contrario, ci abituassimo a riflettere ed a gestire ogni cosa avvalendoci di un approccio quanto più dinamico possibile ed analizzassimo ogni singola situazione sotto molteplici prospettive, otterremmo un modo di fare molto più efficace e positivo, poiché renderebbe possibile un continuo apprendimento e una ricerca di soluzioni sempre più costruttive.

"Se solo potessi" di Max Formisano

Con questo libro l'autore riflette sulla reale volontà di lavorare sodo per ottenere la propria felicità: ciò che spesso la maggior parte delle persone non è disposta a fare per ottenere la propria soddisfazione e la propria realizzazione personale è mettere in conto la necessità dell'impegno e del sacrificio. Molte persone non comprendono, oppure non vogliono comprendere, che per ottenere qualcosa che non sono mai riuscite ad avere è necessario dare qualcosa in più rispetto ai tentativi precedenti e, allo stesso modo, per essere qualcuno che non sono mai state, è necessario convincersi di aver bisogno di qualcosa di nuovo e cominciare a perseguire nuovi obiettivi, siano essi fisici o mentali. Questo testo tratta dello spinoso concetto di "dover dare per avere", affrontando il tema in maniera schematica; il libro infatti si presenta con una forma simile a quella di un manuale, arricchito con delle domande alle quali il lettore può riuscire infine a dare delle risposte, attraverso un accurato esame della propria mente e della propria personalità.

Conclusione

"La forza di volontà attraversa anche le rocce" - Proverbio giapponese

L'autodisciplina, come abbiamo più volte ribadito nel corso della trattazione, consiste nella capacità di perseguire i propri obiettivi personali con costanza e convinzione, imparando a non essere soggetti a condizionamenti provenienti sia dal mondo esterno sia da quello interno: la forza di volontà non sarà misurabile in maniera precisa e netta come la prestanza di un bicipite, ma è ugualmente allenabile e rafforzabile; il suo potenziamento può aprirci la strada a risultati che neanche immaginiamo! Aumentare la tua autodisciplina ti consentirà di raggiungere i tuoi obiettivi personali, di lavorare sodo anche quando sarai stanco o di cattivo umore, mantenendo salda la tua concentrazione fino a quando non avrai raggiunto la tua meta.

Con l'autodisciplina tu potrai sancire in maniera decisiva il tuo controllo sul corso degli eventi della tua vita, almeno per ciò che concerne quello che puoi, realisticamente, controllare. L'autocontrollo è una condizione imprescindibile per diventare resilienti, per essere resistenti alle avversità e reagire alle delusioni con positività, senza farsi mai abbattere. È inevitabile che vi sia una componente caratteriale di fondo che condiziona l'atteggiamento che assumiamo nei confronti degli eventi, delle altre persone e della vita in generale: tutti noi sappiamo che, fin dalla più tenera età, i bambini manifestano le proprie peculiarità caratteriali, ancor prima di imparare a parlare o sviluppare un pensiero strutturato.

Non è ancora chiaro quali siano i fattori che determinano il carattere di una persona, o comunque quale sia l'incidenza dei diversi elementi che supponiamo essere decisivi nella delineazione dei tratti caratteriali: genetica, ambiente, vita intrauterina, traumi, stimoli esterni; di certo non brancoliamo totalmente nel buio, soprattutto grazie alle incredibili scoperte negli ultimi decenni, ma siamo comunque piuttosto lontani dalla definizione di un quadro chiaro e definitivo. Ci sono delle persone che nascono con una tale prorompente forza interiore e determinazione che spesso si fa fatica a capire da dove venga fuori! Ma la strada successo e della realizzazione personale non è riservata solo a chi sia dotato di particolari doti naturali; anche se le nostre caratteristiche caratteriali ci rendono apparentemente deboli e poco costanti, poco assertivi e poco decisi, non dobbiamo demordere!

Tutti noi possediamo una forza interiore che deve solo essere svegliata e guidata verso la sua massima espressione: non lasciare che sia la fortuna oppure il caso a determinare il tuo destino, prendi in mano la tua vita e dirigila dove vuoi tu! Sembra un'affermazione paradossale per certi versi, ma educarsi all'autodisciplina, all'autocontrollo, al pieno possesso di sé si è rivelata la strada maestra per garantirsi la vera libertà: la libertà dai vizi, dalla debolezza, dalla dissipazione della propria energia, dalla confusione mentale, dal caso, dagli altri. La capacità di indirizzare tutte le nostre risorse all'ottenimento di un preciso scopo che sappiamo essere, per noi, il più appagante, può essere considerata come una delle massime espressioni di libertà che l'uomo possa mettere in atto.

L'autodisciplina non si compone di una serie di precetti, di regole fisse o di contenuti specifici ai quali dobbiamo attenerci scrupolosamente: dobbiamo intenderla con un atteggiamento che ognuno di noi plasmerà a seconda delle proprie esigenze personali, delle proprie specificità caratteriali, delle proprie ambizioni. A seconda dei nostri obiettivi personali la applicheremo, infatti, nella maniera che troviamo più utile e congeniale. L'importante è essere sempre in condizione di controllarsi, che ogni nostra azione o reazione sia sottoposta al vaglio, al controllo vigile della nostra consapevolezza e razionalità; e qualora ritenessimo un comportamento errato o dannoso, dobbiamo acquisire la forza necessaria per contrastarlo o comunque gestirlo al meglio. Possiamo, metaforicamente, guardare alla vita come ad una lunghissima corsa: non abbiamo chiesto noi di partecipare, non abbiamo compilato nessun modulo di iscrizione eppure ci troviamo in gara. A questo punto possiamo decidere tra due diverse opzioni: sederci a bordo pista e guardare gli altri partecipanti correre oppure raccogliere la sfida e prendere parte alla gara.

ABITUDINI POSITIVE

Come prendere il controllo della tua vita, impostare degli obiettivi e raggiungerli...
...anche se ora ti sembra impossibile

VINCENZO COLOMBO

Copyright 2020 – Vincenzo Colombo.

Tutti i diritti riservati. Qualsiasi tipo di riproduzione del seguente testo è severamente vietata.

Introduzione: che cos'è un'abitudine?

Come definizione generale di 'abitudine', troviamo: "tendenza alla continuazione o ripetizione di un determinato comportamento, collegabile a fattori naturali o acquisiti, e riconducibile al concetto di consuetudine o di assuefazione".

Come diceva Aristotele: "Noi siamo quello che facciamo ripetutamente". Dunque noi siamo le nostre abitudini o, più correttamente, la somma delle nostre abitudini.

L'abitudine è un'azione svolta in modo ripetitivo e costante. La nostra vita, anche se non ce ne accorgiamo, è costellata di abitudini, sia positive, come allenarsi ogni giorno o leggere un buon libro, sia negative, come consumare regolarmente alcol o fumare.

Ed ancora, nel 1892 William James citava: "La nostra vita, in quanto ha una forma definita, è soltanto una massa di abitudini pratiche".

Questa frase provoca in molti un ironico sorriso, perché è inimmaginabile pensare di ridurre la nostra vita a una serie di abitudini.

In realtà, recenti ricerche mostrano che passiamo oltre il 40% del tempo a compiere gesti abitudinari, routine delle quali siamo più o meno consapevoli.

Il discorso sulle abitudini sta diventando sempre più popolare negli ultimi anni, nel mondo del self-help e della crescita personale, e numerose sono le ricerche svolte in questo campo.

Le abitudini hanno una tale importanza nella nostra vita che hanno il potere di cambiare la struttura del nostro cervello. Proprio così: continuando a ripetere un'azione in maniera costante, il cervello cambierà la sua struttura. Questa straordinaria proprietà della nostra mente è nota come neuro-plasticità.

Il cervello forma connessioni neurali in base alle azioni che vengono svolte ripetutamente ogni giorno. In altre parole, ogni volta che ci comportiamo allo stesso modo, qualcosa nel nostro cervello viene attivato e rafforzato. Tutto ciò è affascinante, e contribuisce a radicare in noi le sane abitudini positive. Il problema è che, purtroppo, questa dinamica vale anche per le abitudini negative.

Per capire meglio da dove provengano queste azioni che, se ripetute quotidianamente, diventano in pratica le nostre abitudini, basta pensare alla vita odierna. Spesso ci adattiamo a modelli che vediamo attorno a noi, a volte senza nemmeno accorgercene, ne veniamo passivamente influenzati. Da ciò possono scaturire le buone abitudini, come alzarsi ogni mattina di buon'ora, o coricarsi ogni sera alla stessa ora, mantenere un'alimentazione equilibrata, o esercitarci ogni giorno a suonare il nostro strumento preferito.

Più spesso però, subendo passivamente i modelli attorno a noi, sono le abitudini negative a scaturire: così ci ritroviamo a fumare, o a bere, perché i nostri famigliari fumano, o perché gli amici nella nostra compagnia bevono. Oppure semplicemente acquisiamo queste cattive abitudini perché ci viene vietato di farlo, e allora, credendo di rivendicare chissà quale libertà, o per uscire dagli schemi e dalle preoccupazioni quotidiane, iniziamo anche noi ad accendere sigarette e a scolare bottiglie.

Per quanto questa possa sembrare una reazione libera, in realtà non lo è affatto, è dettata da uno schema di comportamento, da un modello di condotta che abbiamo interiorizzato. Spesso ci comportiamo da robot programmati per reagire, anziché agire, senza riflettere affatto, sull'onda dell'emotività.

Gli schemi comportamentali che seguiamo possono essere tramandati da generazioni, oppure acquisiti nel corso della vita. La psicologia ci insegna che le esperienze dei primi sette anni di vita sono quelle che ci segnano profondamente e restano più impresse, ma può capitare di sviluppare ed interiorizzare uno schema in qualsiasi fase della nostra vita.

Le abitudini acquisite possono cambiare la nostra vita in meglio, ed aiutarci a sfruttare il nostro potenziale, o, al contrario, possono intrappolarci in schemi comportamentali deleteri ed impedirci di migliorare ed innalzare il nostro livello. Nei prossimi capitoli approfondiremo meglio tutti questi aspetti.

I benefici delle abitudini positive e potenzianti

Le abitudini sono assai utili nella nostra vita quotidiana perché ci consentono di seguire degli "schemi", e di non dover spendere tempo ed energie a prendere decisioni nuove per ogni azione che svolgiamo. Così, nella nostra mente, risiede una struttura formata da abitudini maggiori ed altre minori, alcune positive, ed altre un po' meno. Il cervello stesso ci permette di risparmiare tempo e usarlo per ciò che davvero è funzionale alla nostra vita.

Proviamo dunque ad immaginare gli innumerevoli benefici di una serie di abitudini sane e corrette, che potrebbero cambiare in meglio la nostra esistenza, renderci più felici ed in buona salute. Ad esempio, dovremmo dormire ogni giorno per il tempo a noi necessario, per la quantità di ore che pensiamo ci faccia sentire riposati e pronti ad affrontare la giornata con grinta.

Il sonno è fondamentale e terapeutico, soprattutto se vogliamo essere svegli, pronti, e se vogliamo prendere le giuste decisioni. Ed ancora, prima di mangiare, dovremmo domandarci se effettivamente abbiamo fame. Spesso, infatti, ingurgitiamo cibo pur non essendo affamati, oppure per noia o nervosismo, senza renderci conto che magari abbiamo solo sete. Ponendoci questa domanda, permetteremo al corpo di evitare un dispendioso lavoro di smaltimento, e di restare più agili e leggeri, proprio come il corpo stesso vorrebbe essere.

Questo non significa doverci controllare o trattenere ogni volta che abbiamo voglia di fare uno spuntino, ma semplicemente significa essere più coscienti delle nostre vere necessità. Ne ricaveremo senz'altro sensazioni di benessere sorprendenti.

Un'altra abitudine sana e funzionale al raggiungimento di buone abitudini gratificanti è quella di premiarsi in modi differenti. Guardando attentamente dentro di noi, chiedendoci quali realmente siano i nostri bisogni e desideri, diamo inizio ad un processo che ci permette lentamente di riscoprirci, traendone moltissime possibilità per essere completi e felici con noi stessi. È importante, di tanto in tanto, concedersi un premio, una ricompensa, guardarsi allo specchio e dirsi "Sei stato davvero bravo, complimenti!", "Non pensavo ce l'avrei mai fatta, ma eccomi qui, sono un vincitore!". Ed esserne davvero convinti. Questo stimolerà in noi la motivazione, e la voglia di fare sempre meglio.

Al contrario, se qualche volta non ci sentiamo soddisfatti di noi stessi per come stiamo procedendo verso la meta – ad esempio, un giorno siamo estremamente pigri - mettiamo pure in atto un sistema di sanzioni personali, che ci stimoleranno a fare meglio e ad andare avanti. Ciò è importante, perché la messa in atto di sanzioni personali aiuta a generare in noi dolore, insoddisfazione, quando manchiamo il bersaglio. Ad esempio, imponiamoci di resistere a quel delizioso dolce che ci aspetta nel frigorifero dopo cena, e ce lo concederemo domani, perché oggi non è affatto meritato.

La felicità, in genere, è una conseguenza dell'essere utili agli altri e del donare agli altri la versione migliore di se stessi. Quindi, è bene abituarsi ad essere nel contesto dove si è più utili, in base alle proprie abilità, attitudini, conoscenze. Questo porterà senz'altro a risultati positivi e ad un accrescimento della felicità, sia nostra che altrui.

Molte azioni che ogni giorno ripetiamo sempre uguali, quasi codificate, hanno l'effetto benefico di attenuare ansie ed inquietudini, secondo i neuroscienziati. Così alzarsi ogni giorno alla stessa ora, andare al consueto lavoro, inviare un SMS ad un amico prima di andare a letto, sono alcuni esempi di azioni-abitudini che possono migliorare il nostro benessere psicofisico. Nel contesto della vita moderna, sempre più competitivo e performante, i rituali e i momenti che ritagliamo per noi stessi, o ad esempio le rassicuranti abitudini di coppia, assumono una fondamentale funzione protettiva che ci mette al riparo da stress e turbolenze.

Detto ciò, si comprende l'importanza delle abitudini giornaliere. Guardiamo l'esempio della natura, in particolare del mondo animale. Molti animali selvatici, tra cui i pinguini e i lupi, quando si accoppiano divengono monogami ed abitudinari. Questo è per loro un modo di enfatizzare la loro intimità ed affrontare più efficacemente le minacce esterne, o di soddisfare le loro necessità primarie, come quella di procacciarsi il cibo. La routine diviene così un cerchio protettivo, forma avvolgente e funzionale.

Nella vita odierna, potremmo paragonare la routine al nostro "tran tran" quotidiano. Ma in definitiva, a cosa serve questa routine, o "tran tran"? Al giorno d'oggi, competizione, rapidità ed efficienza fanno pressione su di noi, è quasi impossibile sottrarsene. In tale atmosfera di vita, il tran-tran è come un bioritmo protettivo, quasi materno, che fornisce solide fondamenta per intraprendere poi tutto ciò che la vita ci richiede, e per affrontare con successo le novità ed i cambiamenti.

Ripetere un'azione, un movimento, un certo "schema", vuol dire trovare il proprio ritmo nella vita, che è soggettivo, diverso per ognuno, come fosse il proprio respiro, che allevia l'inquietudine. Dovendo costantemente fronteggiare cambiamenti ed imprevisti che ci mettono a dura prova, si possono manifestare tensioni, nuove paure, inquietudini, che possono persino aggravare quelle esistenti. Inoltre, nel turbinio di cambiamenti in cui siamo risucchiati, e nel tentativo di adattarci, modellare noi stessi alle richieste provenienti dall'esterno, non c'è modo di guardare dentro di noi, di ascoltare le emozioni, di elaborarle e trasformare dunque l'inquietudine in qualcosa di positivo, come creatività o energia positiva per affrontare nuove sfide.

Come detto in precedenza, queste abitudini, o routine, producono dei reali benefici a livello psicofisico. Il nostro metabolismo raggiungerà un maggiore equilibrio seguendo una routine. Vediamo più nel dettaglio. Una sovrabbondanza di stimoli rapidi e ripetuti va a bombardare il cervello, innalzando lo stress e i livelli di cortisolo, cosa che nel lungo termine può danneggiare gravemente i circuiti cerebrali, aumentare l'inquietudine, peggiorare la memoria e la capacità di apprendimento, e persino ridurre le dimensioni dell'ippocampo.

Se invece somministriamo a noi stessi ritmi un po' monotoni, senza colpi di scena e cambiamenti repentini, l'organismo ne beneficerà, stimolerà un'equilibrata produzione di ormone della crescita HGH. Un effetto assai positivo è quello di incrementare il metabolismo del grasso, permettendo al corpo di trattenere glucosio e quindi di ridurre la produzione di eccessiva insulina, ormone che scatena la voglia di mangiare, anche quando in realtà il nostro corpo non ne ha bisogno. Routine e buone abitudini equivalgono anche ad equilibrare il ciclo di dopamina e serotonina, ormoni che hanno un ruolo centrale nel rilascio delle quantità di melatonina, e conseguentemente nella corretta alternanza del ciclo sonno-veglia.

Notevoli sono i vantaggi delle abitudini per la salute mentale. Innanzitutto, la routine dà senso alla vita. Non è un caso che le persone che seguono una routine siano più motivate in tutto ciò che fanno. Potremmo chiamare questo primo vantaggio significatività.

Poi, la struttura. Sapere in anticipo che cosa ci aspetta, aiuta senz'altro ad essere pronti a varie evenienze, ad avere meno ansie e dunque ha per noi un effetto rassicurante. È anche vero che la pratica, nel tempo, rende perfetti. La routine, nel senso di pratica quotidiana costante, ci rende sempre più efficienti, perché perfezioniamo le attività che normalmente svolgiamo. Un altro vantaggio è dunque l'efficienza.

Pensiamo inoltre al senso di realizzazione che viene dallo svolgere bene un'attività e portarla a termine. Potremmo definire questa sensazione come slancio. Poiché anche il portare a termine un'attività con successo nel tempo diventerà un'abitudine intrinseca, il raggiungimento di obiettivi sarà sempre più facile, il che ci spingerà sempre di più a migliorarci. Quasi come uno slancio vitale.

Parliamo ora di priorità: la routine dà priorità a ciò che conta davvero. Infatti, nello sviluppare una routine fatta di abitudini sane, prendiamo in considerazione le nostre necessità, i nostri principi, e in generale ciò che ci fa stare bene, escludendo gli aspetti per noi irrilevanti. Saper distinguere gli aspetti per noi importanti, e scartare il non necessario, ciò a cui non vogliamo dedicare il nostro tempo, è importante nel raggiungimento degli obiettivi di vita e della nostra realizzazione personale.

Ed infine, parliamo di sane abitudini. Se vogliamo condurre una vita salutare, seguire una routine diventa imprescindibile. Fare qualcosa ogni giorno, ci aiuta a creare un rituale, un ordine, che diventa parte integrante del nostro modus vivendi, nel quale possiamo ritrovare noi stessi e il nostro equilibrio.

Fermiamoci anche a riflettere sulla frase "la felicità non è l'assenza di problemi, è la capacità di gestirli". Se applichiamo questa frase alla vita di tutti i giorni, notiamo come di solito affrontiamo la quantità di problemi che si presentano semplicemente attuando soluzioni di successo, che poi nient'altro sono se non la ripetizione di ciò che abbiamo fatto giorni o settimane prima. Soluzioni che già conosciamo ed abbiamo collaudato con la nostra personale esperienza, in definitiva si parla ancora una volta di abitudini.

Infine, le abitudini e la routine sono linee guida dell'apprendimento. Leggere, parlare o camminare richiedono sforzo e persistenza, poiché le abilità con cui nasciamo non sono tutte innate. È proprio grazie alle abitudini e alla ripetizione che riusciamo a perfezionare un grande numero di utilissime abilità che favoriscono la nostra vita ed il nostro benessere.

Al giorno d'oggi, per esempio, una qualità largamente apprezzata è la creatività, che ovviamente non è una caratteristica unica delle persone che hanno una vita sempre avventurosa o una mente disorganizzata, né una dote esclusivamente innata. In una certa misura, si può apprendere la dote della creatività, e si può lavorare su tecniche dalle quali nascono soluzioni creative. La pratica e l'abitudine sono il modo per riuscirci. Citiamo a questo proposito George Bernard Shaw: "La vita non consiste nel trovare se stessi, bensì nel creare se stessi".

Capiamo dunque come molte delle connotazioni negative che attribuiamo all'espressione 'vita routinaria' siano in realtà errate. Come viviamo la routine, come da essa riusciamo a trarre beneficio, dipende tutto da noi. Come già detto, è dunque essenziale saper organizzare il proprio tempo, stabilire le priorità, sapere distinguere tra utile e futile, vantaggioso e dannoso, favorire le abilità necessarie. Tutto questo comporta sì sforzo e lavoro, ma una volta trovare le corrette abitudini per se stessi, sarà aperta la via alla felicità. Essere sempre alla ricerca della novità, invece, può garantire soddisfazione nel breve termine, ma a lungo andare diventa logorante, dunque è sconsigliabile.

Come aumentare la propria motivazione, energia e voglia di fare

Abbiamo menzionato come molte attività che intraprendiamo e che, nel tempo, diventano abitudini, richiedano sforzo e persistenza da parte nostra. A questo proposito, vediamo come è possibile trovare maggiore motivazione all'azione, sia in noi stessi, che nell'ambiente circostante.

La motivazione è il motivo, o l'insieme di motivi, per mettere in atto comportamenti, azioni, per agire. Con un intento per noi importante, un desiderio, uno scopo chiaro e preciso verso cui muoverci, niente può fermarci, tranne appunto la perdita della motivazione stessa. Spesso tendiamo a stancarci presto delle cose che intraprendiamo, a scoraggiarci, siamo volubili, ma a tutto questo può essere posto rimedio dandosi una disciplina e seguendo alcune semplici ma efficaci strategie. E' strano, ma spesso siamo più motivati a fare cose per gli altri, invece che per noi stessi e per la nostra vita, magari anche a causa della mentalità in cui siamo stati cresciuti ed educati.

Oppure facciamo cose quotidianamente più per dovere che per piacere, e questo ci lascia ben poca energia residua da incanalare negli ambiziosi progetti personali, che ovviamente hanno bisogno di tempo, di scelte giuste e consapevoli e di sufficiente motivazione.

Premettiamo che trovare sempre la motivazione per raggiungere un obiettivo non è semplice. Ci sono quei giorni in cui vorremmo solamente stare distesi sul divano a consumare uno snack e messaggiare al cellulare, o magari non abbiamo l'umore giusto e la forza d'animo necessari uscire di casa e per metterci al lavoro. A tutti sono senz'altro capitati giorni di questo tipo.

Fortunatamente, ci sono alcune azioni concrete ed immediate che possono aiutarci sin da subito a contrastare la carenza di motivazione. Tali azioni, se mantenute nel tempo, diverranno appunto delle abitudini positive e funzionali al raggiungimento dei nostri obiettivi, tra cui anche l'acquisizione di abitudini stesse.

La prima e più semplice azione è quella di cominciare. Semplicemente, fare il primo passo. Per quanto faticoso possa sembrare, una volta dato il via, sarà più semplice proseguire, anche quando non si ha la minima voglia di iniziare a fare qualcosa. Come insegna il detto "l'appetito vien mangiando", così a questo proposito potremmo dire "la voglia di fare vien facendo, lavorando".

Se non hai voglia di allenarti, metti le scarpe da ginnastica, prepara la borsa ed esci di casa. Se non hai voglia di lavorare alla tua tesi, accendi il computer e inizia digitare le prime righe. L'unica cosa da non fare è mettersi a pensare, poiché se indugiamo a pensare e siamo già demotivati in partenza, il cervello non farà altro che trovare ottime ragioni per continuare a non fare quello che dovremmo già stare facendo. Se semplicemente cominciamo, tutto il resto verrà da sé.

Utile è anche imporsi una scadenza rigida. Se si teme di non riuscire a completare un'attività ed il tempo stringe, è utile prefissarsi una scadenza ambiziosa. In questo modo, la scarsità di tempo residuo ed il senso di urgenza daranno una spinta notevole alla nostra motivazione, come se ci fosse un conto alla rovescia in corso. Chiaramente questa scadenza deve essere alla nostra portata, il che ci aiuterà a rimanere concentrati sul nostro obiettivo, e a non strafare. Questo standard minimo da portare a termini tutti i giorni deve essere rispettato, ed è fondamentale per continuare a lavorare in modo costante. Se per svariati motivi ci accorgiamo di non riuscire a rispettare tale standard, dobbiamo organizzarci in tempo per recuperare.

Gli obiettivi quotidiani stabiliti devono essere definiti ed ispiranti, sfidanti, ma comunque realizzabili. Se proseguiamo nella direzione stabilita con successo, possiamo osare chiederci un poco in più ogni giorno, man mano diventerà un processo naturale, che ci farà crescere e maturare anche nella conoscenza e padronanza di noi stessi.

Riguardo a questi obiettivi, possiamo mettere per iscritto i "perché" dei nostri obiettivi, ossia delineare il vero proposito di questo obiettivo, altrimenti quest'ultimo sarà privo di senso e non verrà probabilmente raggiunto. Prendere un foglio di carta, ed iniziare ad elencare i dieci motivi per cui vogliamo raggiungere i nostri obiettivi prefissati può servire, specialmente se abbiamo perso quella motivazione che ci aveva spinti in partenza. Proviamo ad immaginare come ci sentiremo soddisfatti una volta che avremo tagliato il traguardo, cosa avremo concretamente ottenuto, come gli altri ci elogeranno. Così troveremo senz'altro la voglia di rimetterci all'opera.

Se dovessimo renderci conto che tali obiettivi fissati siano troppo sfidanti, potremmo adottare la strategia di suddividerli in azioni da mezz'ora, o un'ora ciascuna. Un grande obiettivo può richiedere mesi o persino anni di lavoro, e dunque è facile smarrire la rotta. Proviamo allora a scomporre il nostro obiettivo in azioni sempre minori, fino a trovare un'azione che possiamo da subito svolgere e completare in un'ora massimo.

Altra avvertenza: non abbiamo fretta di raggiungere il nostro micro o macro-obiettivo, non bruciamo le tappe. Come ben sappiamo, all'inizio di un progetto, o appena fissato un nuovo obiettivo, la nostra motivazione è alle stelle, ma ben presto comincia a calare. Se vogliamo mantenere costante l'iniziale livello di motivazione, cerchiamo di non bruciare le tappe, ma di procedere a piccoli passi. Come in una maratona: non partiamo scattando e perdendo in fretta tutte le nostre energie entro i primi di 5 km. Iniziamo gradualmente, e conserviamo così l'energia per le tappe successive. In tal modo, distribuiremo in tutte le successive fasi la nostra forte motivazione di partenza.

E perché non posizionare un'immagine positiva che ci ricordi il nostro ambito obiettivo in un posto ben visibile? Questo accorgimento può essere utile come rimando immediato all'obiettivo, quasi fungendo da ponte, e per ritrovare la motivazione smarrita. La perdita di motivazione può scaturire dalla momentanea dimenticanza del nostro obiettivo. Così avere l'immagine che ci rimanda al nostro obiettivo, funge da potente "reminder". Possiamo posizionare queste immagini funzionali vicino al nostro letto, sul frigo come un post-it, sulla copertina della nostra agenda o sulla parete di fianco allo specchio del corridoio.

I nostri obiettivi sono importanti per noi stessi. Così un altro metodo utile al loro conseguimento è quello di condividerli e parlarne alle persone importanti nella nostra vita, coloro di fronte alle quali non possiamo permetterci di fallire, poiché desideriamo la loro stima ed approvazione, non vogliamo deluderle, ed inoltre esse saranno sempre pronte a supportarci nei momenti di sconforto quando perdiamo tenacia.

Ricordiamoci pure di tenere nota dei nostri progressi, così da mantenere costante la motivazione. Sarà assai stimolante vedere un calendario con sopra tante 'x' a segnalare che siamo un passo sempre più vicini al nostro goal. Si creerà così un circolo virtuoso. Ogni giorno che si segna una 'x' sul calendario, la motivazione aumenta, e lasciare un giorno senza la 'x' creerà una sensazione di disequilibrio e fastidio, che spingerà a mantenersi costanti.

Veniamo ora ad un altro elemento chiave nel conseguire obiettivi quali formare una buona abitudine: l'attenzione. In questo senso, la nostra attenzione è tutto. Il nostro focus deve restare su quella specifica cosa che ci siamo prefissati di raggiungere, la concentrazione ha dunque bisogno di essere allenata a restare sintonizzata, per dare i risultati che desideriamo nel tempo stabilito. Ci vogliono circa 10 minuti per sintonizzare del tutto la nostra attenzione sul compito che stiamo svolgendo, e solitamente dopo 50 minuti la soglia di attenzione cala per tutti. Ci vorrà poi una pausa di almeno altri 10 minuti per riportare la nostra attenzione sul compito.

È bene perciò eliminare le distrazioni attorno a noi, le chiacchiere inutili al lavoro, le mail non urgenti, i messaggi, visite di amici e parenti, insomma tutto quello che non sia assolutamente improrogabile. Evitiamo anche di cimentarci in imprese multitasking, ciò sposterebbe il focus della nostra attenzione.

Stabiliamo i tempi e l'ambiente migliori per metterci all'opera e cerchiamo di tagliare fuori tutto il "rimandabile". Impariamo quindi a dire di no a qualche impegno o svago che si presenta lungo il percorso verso l'obiettivo, al fine di dirigere l'attenzione sulle cose imminenti e funzionali al risultato da raggiungere. Cerchiamo di organizzare e gestire al meglio il tempo a disposizione, ad esempio stabilendo un percorso orario, giornaliero o settimanale. Questo ci aiuterà a mantenere attiva la motivazione, poiché di volta in volta riscontreremo il completeremo di micro-obiettivi, che infine porteranno al completamento del macro-obiettivo.

Sforziamoci di mantenere per almeno 5 minuti al giorno il focus sul nostro intento. Focus ed azione sono i due fondamentali ingredienti per il successo.

Ascoltiamo della musica che amiamo, oppure una musica energizzante che ci dia la carica, e nel frattempo alleniamoci a materializzare nella nostra mente come sarà raggiungere il successo, nei minimi dettagli, la gioia e la soddisfazione, i benefici che ne conseguiranno. Le parole della nostra canzone preferita o l'emozione del film che amiamo possono motivarci all'azione. Un film può contenere un forte messaggio d'ispirazione che può catalizzare la motivazione nella nostra via verso il successo. Fermiamoci a riflettere sulle sensazioni che ne derivano ed estrapoliamole in modo a noi utile, chiedendoci: "per raggiungere il mio intento, nella mia attuale situazione, come posso procedere?"

Ricerchiamo emozioni, ascoltiamo le nostre sensazioni, e soprattutto focalizziamoci sulla felicità. La felicità porta energia positiva che aiuta a perseguire i nostri obiettivi. La prima importante decisione è quella di essere felici, poi viene il resto.

Manteniamo il focus sulla bellezza del mondo circostante e meravigliamoci di esso. Ciò aiuterà la mente a mantenere uno stato positivo. Immaginiamo come noi stessi possiamo contribuire a questa bellezza. Per prolungare questa felicità spendiamo più tempo del solito a sorridere durante la giornata. Quando sorridiamo, automaticamente ci sentiamo meglio con noi stessi, e di conseguenza anche col mondo circostante, poiché miglioriamo la nostra disposizione verso gli altri, e le persone saranno a loro volta più bendisposte verso di noi.

Focalizziamoci anche sull'abbondanza attorno a noi, essa è dappertutto. Più riusciamo a vedere l'abbondanza intorno a noi, più potremo apprezzare quel che già abbiamo, e le piccole cose che formano il tutto. Mostriamo gratitudine per le circostanze ed eventi della nostra vita, anche se non sempre questo sembra possibile, o sembra avere senso, ad esempio quando capita qualcosa di brutto. Tuttavia, la gratitudine ci aiuterà ad aprire la nostra mente e renderla pronta a qualsiasi opportunità ed evenienza, saremo così ancora più forti ed adattabili.

Il segreto per sfruttare appieno le opportunità è concentrarsi solo sul qui ed ora, il momento presente. Dimentichiamo problemi, ansie o paure, poiché solo così potremo restare focalizzati su ciò che più conta, quel che stiamo facendo, mentre lo stiamo facendo.

In primis, decidere di stare bene con se stessi è fondamentale. Cambiare la nostra attitudine alla vita, decidere di essere entusiasta, emozionato, aperto alle novità, e soprattutto positivo. Scegliamo anzitutto di stare bene con noi stessi, di non arrenderci davanti agli ostacoli, malgrado le difficoltà, scegliamo di essere positivi in ogni circostanza, e di fare ciò ci fa stare bene – in fondo dentro di noi sappiamo cosa ci fa bene e cosa invece non fa per noi. Il resto verrà da sé.

Entriamo qui nel discorso sull'energia. L'energia per agire, ed ottenere successi, possiamo trovarla attorno a noi, nelle immagini e nei modelli motivanti, ma prima di tutto e soprattutto in noi stessi. Quindi dobbiamo catalizzare e sprigionare energia. Chiaramente, non sempre possiamo avere la carica giusta per motivarci a fare qualcosa, ma possiamo in un certo senso fingere di sentirci motivati, anche fisicamente.

Inganniamo la nostra mente agendo come se davvero fossimo pieni di energia ed entusiasti, e ciò fungerà da spinta per un'azione decisiva di cambiamento. Il potere della finzione che esercitiamo verso noi stessi, può essere di grande aiuto per il corpo e la mente, è come se lo stato in cui fingiamo di essere possa divenire più facilmente realtà.

Una volta entrati nel giusto "mood", miglioriamo davvero la nostra energia anche dal concreto punto di vista fisico. Anzitutto, respiriamo profondamente, e concentriamoci sul nostro respiro. Respirare dalla pancia trasforma il nostro stato fisiologico e ci pone in una condizione ideale di pensiero e rilassamento.

Dunque prestiamo attenzione a come respiriamo durante il giorno, se il ritmo è regolare o meno, e respiriamo a fondo, spesso mozziamo il respiro o non espiriamo a fondo e tratteniamo l'aria dentro di noi, generando tensione. Pratichiamo stretching, yoga o qualsiasi esercizio semplice, come camminare più velocemente ed eretti, per aiutarci ad abbandonare una postura pigra, ingobbita. Notiamo i cambiamenti che avvengono i noi e nella nostra vita prestando attenzione alla nostra fisiologia, compiendo movimenti dolci e sereni, meno meccanici, ed anche perché no, spensierati, poco per volta.

Trascorriamo più tempo tra bambini ed animali, e giochiamo con loro, interagire con loro aiuterà la mente e rilassarsi, e a scaricarsi da tensioni e pensieri negativi, rilasciandoli all'esterno, e anche a sprigionare scintille di creatività inaspettata. Quando la mente è scarica, si rilassa ed è più aperta alle opportunità. Giocare e scherzare ci rende quindi ispirati, creativi e genera nuove possibilità, magari soluzioni alle quali non avevamo mai pensato.

Amiamo noi stessi e lodiamoci per quello che siamo, che sappiamo fare, e nei momenti di difficoltà, riflettiamo sui nostri successi passati. Possiamo frugare nel nostro passato, dal quale abbiamo imparato lezioni utili, per trovare le forza che ci serve adesso. Facciamo una sorta di elenco mentale delle esperienze, anche difficili, che abbiamo vissuto e superato, dei successi raggiunti, e pensiamo a come sfruttarli positivamente in futuro se saremo limitati dalla paura di sbagliare e di non farcela, se perdiamo lo slancio iniziale, la voglia di fare. Volgiamo la mente al passato quindi, e poi anche al futuro, trascorriamo ogni giorno un po' di tempo a visualizzare, immaginare come sarà il nostro futuro felice e pieno di opportunità, ed assaporiamone le sensazioni che ne derivano.

La mente ha bisogno di immagini concrete e stimolanti per sapere dove essa stessa ti deve condurre, altrimenti sarà smarrita e difficile da direzionare. La mente può essere uno strumento potente, ma anche volgersi contro noi stessi, quindi dobbiamo sapere come direzionarla correttamente. Chiaramente non c'è un manuale adatto ad ogni situazione su come farlo, ma almeno dobbiamo tentare di farlo, nel modo che è a noi più congeniale, anche affidandoci al nostro istinto.

Amiamo noi stessi, dunque trasformiamo anche la nostra immagine, prendiamocene cura. Scegliamo un abito che ci faccia sentire sicuri e piacevoli quando lo indossiamo, cambiamo il taglio o il colore di capelli, se abbiamo voglia di farlo. Spesso la nostra immagine riflessa allo specchio influenza l'effettiva percezione di noi stessi, così se ci vediamo belli ed attraenti, cambiamo il modo di pensare a noi stessi, di auto valutarci, accresciamo l'autostima, e di conseguenza anche come procediamo verso i nostri obiettivi.

Le influenze esterne sono anch'esse determinanti. Facciamo del nostro meglio per eliminare l'influenza di coetanei e persone che frequentiamo che puntualmente dubitano di noi, ci trattengono "coi piedi per terra", quasi a trascinarci verso il basso anziché farci spiccare il volo. Queste persone ci frenano e ci demotivano, a volte anche perché non vedendo in loro stessi un'immagine di successo, non desiderano vederla nemmeno in noi, si sentirebbero altrimenti invidiosi e frustrati, o temono che non godrebbero più della nostra considerazione esclusiva.

Scegliamo le persone giuste di cui circondarci, quelle che ci incoraggiano e ci spingono a vedere i lati positivi, a crescere. Evitiamo chi ci lascia nel dubbio, senza mai darci conferme, e soprattutto anche i famigliari lamentosi, senza sentirci in colpa se a loro dedichiamo meno tempo. Siamo anche, in questo senso, un po' egoisti, al fine di fare del bene a noi stessi.

Se ci rendiamo conto di non avere ancora la forza di volontà sufficiente per perseguire autonomamente i nostri scopi, possiamo anche assumere un life-coach come guida, un professionista può infatti avviarci nella giusta direzione finché non saremo pronti a proseguire con le nostre risorse.

Le idee per avere maggiore forza di volontà nel perseguimento degli obiettivi che abbiamo visto finora sono in genere piuttosto semplici da capire ed applicare. Tuttavia, non perché sono facili saranno allora meno efficaci. Le strategie più basilari possono spesso funzionare meglio di qualsiasi altra complessa o pianificata strategia motivazionale. Perciò, cerchiamo di non trascurare nessuna delle strategie viste finora, tutte sono utili se sommate le une alle altre. Potrebbe sembrare che inizialmente esse non contribuiscano a rafforzare i livelli motivazionali, ma nel lungo termine lo faranno eccome.

Potremmo perdere la motivazione, se non riscontriamo dei risultati immediati. Cos'è che davvero ci fa perdere la motivazione? Obiettivi di basso livello che non ci ispirano abbastanza, oppure il non sapere come motivarci nel modo giusto. Dunque, per vincere nella vita personale e professionale abbiamo bisogno di un obiettivo reale, di qualità, ben formulato, valutato e pensato, che apporti un reale beneficio, in tutti i sensi. Abbiamo bisogno di risorse e possibilità concrete per portare a termine quell'obiettivo, quindi analizziamo noi stessi e la situazione nel suo insieme. Infine, servono le giuste strategie da mettere in atto, le strategie semplici, di cui parlavamo prima.

Riflettiamoci e chiediamoci: il nostro obiettivo ha tali caratteristiche? Ci porta nella giusta direzione di soddisfazione, gioia, benessere, successo, o al solo pensiero ci causa invece ansia, preoccupazione, dolore, istintiva sensazione che ci sia qualcosa di sbagliato, forzato? Queste sono importanti considerazioni da fare, prima ancora di iniziare.

Prendendoci cura della nostra energia vitale, possiamo acquisire più voglia di fare e quindi realizzare i nostri propositi con più successo. Per natura, dovremmo sempre essere in salute e carichi di energia, ma spesso, anche se siamo in buona salute, sentiamo in noi basse vibrazioni energetiche. Questo perché a volte spendiamo energia in attività non necessarie o non positive, oppure perché cose e persone attorno a noi ci sottraggono energia nella vita di tutti i giorni. Non è forse vero che certe persone sembrino ricaricarci di energia positiva, mentre altre sembrano quasi sottrarcela, lasciandoci vuoti come batterie scariche? Più che aumentare la nostra energia, si tratterebbe di eliminare quel che la blocca, ed aumentare la nostra presenza energetica. Il primo passo da fare è dunque eliminare i blocchi e gli ostacoli che ostacolano il flusso libero della nostra energia.

Evitiamo dunque ciò che abbassa l'energia, come un'alimentazione non equilibrata, emozioni negative, stress, e l'uso scorretto ed irrazionale della nostra mente – pensare sempre al peggio, ai problemi, e così via. Dobbiamo capire le cause che sono al di sotto di questi comportamenti e sradicarle. Questo processo ci porterà ad un livello di consapevolezza superiore.

Veniamo ora al corpo: esso è il tempo dell'anima, ed è fortemente connesso a mente e spirito. Al di là della consueta attività fisica, dovremmo prestare attenzione all'alimentazione, che si lega fortemente alla qualità della vita. Cerchiamo di nutrirci correttamente, non solo di mangiare. Il cibo stesso è energia, quindi chiediamoci: qual è la qualità energetica del cibo che assumiamo? Noi siamo quel che mangiamo. Prova a paragonare l'energia di un frutto succoso appena raccolto a quella di un pezzo di carne arrostito, proveniente da un animale morto. Quale alimento avrà la migliore qualità energetica? Inoltre, a causa dell'ambiente inquinato in cui viviamo, assieme al cibo assumiamo anche varie sostanze tossiche che ci indeboliscono.

Perciò, dobbiamo cercare di pulire e disintossicare il corpo per aumentare l'energia vitale, assumendo prodotti naturali che alcalinizzino l'organismo e favoriscano il drenaggio delle tossine. Tra tutti gli organi, soprattutto il fegato è quello a cui prestare speciale attenzione e da depurare, poiché ha il ruolo di filtro che espelle le sostanze tossiche dal corpo. Tra i rimedi naturali più utilizzati a questo fine vi sono i fiori di Bach e gli oli essenziali.

Parliamo ora della mente. Essa è uno strumento potente, in quanto può distruggere o creare, renderci liberi o schiavi. Il pensiero genera la materia, e dunque la realtà. Oltre ai giusti alimenti, dunque, dovremmo anche nutrirci di pensieri positivi, dare maggiore ascolto alle affermazioni positive, e radicare fortemente in noi stessi il pensiero positivo, in modo da esserne noi stessi una fonte.

Il potere della parola è enorme, e possiamo usarlo consapevolmente a nostro beneficio. Evitiamo dunque tranelli come il giudizio affrettato o l'inutile lamentela, poiché causano inutile dispendio di energia. Smettiamola di giudicare noi stessi, in primis, e gli altri, e accettiamo saggiamente le situazioni per come sono. Cerchiamo di abbracciare in noi anche ciò non ci va così a genio, ed iniziamo a trasformarlo in qualcosa di bello. Siamo più gentili, generosi e comprensivi.

I concetti di anima e spirito sono assimilabili. Lo spirito racchiude le nostre qualità interiori, che sono una parte spesso da noi trascurata, non sufficientemente ascoltata, anche perché nascosta, e questo ci allontaniamo spesso dal nostro vero 'sé'. Ma se vogliamo recuperarlo, e recuperare la nostra consapevolezza interiore, dobbiamo riconnetterci alla fonte della nostra energia. Non è un concetto troppo astratto o "spirituale": basta dedicare del tempo alla semplice meditazione per attingere alla nostra fonte interiore. Tante sono le discipline utili a tale scopo, come agopuntura, yoga, reiki, e thetahealing.

L'importanza dell'immagine di sé per formare abitudini durature ed efficaci

L'immagine di noi che trasmettiamo con il nostro modo di essere, di porci, di relazionarci, è fondamentale perché determina chi siamo e come siamo agli occhi degli altri, e quindi in definitiva il nostro livello di successo sociale. Sappiamo bene come oggi il successo sociale ed il raggiungimento di uno 'status symbol' siano importanti. Anche se non ce ne curiamo più di tanto, in realtà ne veniamo comunque influenzati, è innegabile. Così, nei nostri incontri e scambi quotidiani, cerchiamo di trasmettere un'immagine positiva di noi, e viceversa, nei giudizi e nelle azioni ci basiamo sull'impressione che gli altri ci danno di loro.

Ma perché ci preoccupiamo tanto dell'impressione che trasmettiamo agli altri? Anzitutto, perché trasmettere una buona immagine di noi stessi ci permette di guadagnare la simpatia e l'accettazione altrui, accedendo ad una migliore qualità di vita e ad altri benefici, sia di natura sociale che materiale. Inoltre, presentare un'immagine positiva provoca nelle persone reazioni favorevoli, cosa che rinforza la nostra autostima e porta all'accettazione reciproca, alla nostra integrazione, favorendo la costituzione di una società pacifica ed armoniosa.

Dunque noi comunichiamo a partire dalla nostra immagine, essa raggiunge le persone ancora prima delle nostre parole, quindi l'immagine è parte fondante della comunicazione umana. Dobbiamo curare la nostra immagine per avere maggiore riuscita e successo nelle nostre comunicazioni.

L'immagine di sé è il modo in cui vediamo noi stessi. Si forma nella prima infanzia, quando il bambino, se viene curato ed accudito in modo adeguato dai genitori, inizierà già a sviluppare un'immagine di sé in positivo, amore verso se stesso ed una buona autostima. Altrimenti, se trascurato, il bambino maturerà un senso di disprezzo e di disagio verso se stesso, e l'immagine di sé si svilupperà in negativo.

Comunque, l'immagine di sé si trasforma e modella durante tutto il corso della vita, a causa dei successi e fallimenti vissuti, ed in base ai comportamenti e feedback degli altri nei nostri confronti.

L'immagine del sé è, appunto come dice il nome, un'immagine, un simulacro, pertanto non sempre corrisponde all'immagine reale. Le due immagini, quella percepita - o trasmessa - e quella reale, si avvicineranno tra loro tanto più è alto e consolidato il livello di autostima ed autoefficacia che possediamo.

Sull'autostima non c'è bisogno di molte spiegazioni. Sull'autoefficacia, possiamo definirla come la fiducia che una persona nutre nella capacità, nella possibilità di riuscire in ciò che fa, di avere successo, di risultare vincente.

L'autoefficacia è in stretta dipendenza da molte variabili, tra cui l'esito ottimale di precedenti situazioni problematiche che abbiamo affrontato e il conseguente stato di benessere che ne consegue, le esperienze riflesse, ossia l'aver visto altri affrontare difficili situazioni ed esserne usciti vincenti, le auto-persuasioni in senso positivo ed anche la capacità di figurarsi già vincenti in situazioni ardue e sfidanti.

Come tale percezione di noi stessi andrà ad influenzare il nostro comportamento? Innanzitutto, influenzerà le nostre emozioni, come ad esempio l'ansia. Le persone con basso senso di autoefficacia percepiscono un gran numero di situazioni come per loro stressanti, e tendono ad ingigantire i problemi e i pericoli che riscontrano nell'ambiente circostante.

In secondo luogo, le decisioni: gli individui con scarsa autoefficacia hanno meno fiducia in sé, quindi tendono a limitare la gamma delle loro possibili attività e dei relativi traguardi, perché credono di avere poca possibilità di successo, quindi vogliono anche ridurre le possibilità di fallimento. Soprattutto - e questo si ricollega all'argomento portante del nostro testo - la percezione di noi stessi condiziona le nostre motivazioni, e quindi la spinta a formare e mantenere una buona abitudine.

In base a come percepiamo la nostra autoefficacia, lavoreremo con maggiore o minore tenacia nello svolgere un compito, e saremo anche più o meno resilienti, ossia capaci di superare i fallimenti e di rimediare ai nostri errori, senza farci sopraffare dallo sconforto. Come il sapersi rimettere in piedi dopo una caduta. Insomma, le persone con meno autoefficacia, hanno meno fiducia in se stesse, dunque si arrendono più facilmente dinanzi agli ostacoli.

Al contrario, le persone con più alto senso di autoefficacia, si prefiggeranno un più alto numero di obiettivi, che raggiungeranno anche con maggiore probabilità, rispetto a chi ha più bassa autoefficacia.

La percezione di se stessi e della propria autoefficacia sarà anche direttamente proporzionale al nostro benessere, a quanto ci sentiamo bene con noi stessi, ed in noi stessi, nella nostra pelle. Chiaramente, ciò si ripercuote anche sulla percezione che gli altri hanno di noi, e così le persone che più piacciono, suscitano simpatia e unanimi giudizi positivi sono quelle che in primis si amano, hanno autostima e sono sicure di sé, senza mai sfociare nell'arroganza. Con il loro atteggiamento, infondono più sicurezza anche in chi gli sta attorno.

C'è da dire che però non è facile capire il "vero sé", poiché sin dalla nostra venuta al mondo, ci modelliamo alla società e all'ambiente, che ci portano ad indossare delle maschere, così ci allontaniamo sempre più dal nostro nucleo. Possiamo cambiare il nostro atteggiamento, o addirittura fingere un'altra personalità, in base alla situazione, allo scopo da raggiungere, all' "uso" che dobbiamo fare di noi stessi.

Non è importante allora l'immagine che abbiamo di noi stessi sia autentica, ma che sia funzionale al compimento dei nostri valori, ideali, e dei nostri intenti. Attenzione però: la parola "vero" ha insita un'accezione positiva, contrapposta all'accezione negativa del suo opposto, "falso". Così ci sono persone che creano e mantengono un'immagine di se stesse irreale, scaturita da una visione di come idealmente dovrebbero essere. Proponendo sempre e comunque questa immagine falsa di se stessi al mondo, finiscono per distaccarsi del tutto da loro stessi e dal loro vero nucleo, che è poi la chiave per essere felici, poiché dobbiamo essere in contatto con esso ed ascoltarlo.

In questi soggetti l'immagine che "raccontano" a se stessi finisce con l'essere assai diversa da quella che ne hanno gli altri, così quando ricevono feedback e giudizi da loro, tendono a non riconoscerli, non accettarli, e rispondere in modo difensivo.

Come già detto, avere un'alta autostima è il risultato di una breve distanza tra il sé reale e il sé ideale, ossia quest'ultimi quasi coincidono, la persona ha consapevolezza di se stessa, può più facilmente capire cosa desidera, e quindi raggiungere i suoi obiettivi.

Le persone dotate di alta autostima mostrano anche maggiore perseveranza nel dedicarsi ad un'attività che le appassiona, e nel conseguire un obiettivo che fortemente desiderano, come l'acquisizione di un'abitudine vantaggiosa, mentre mostrano meno determinazione in un'attività che gli sta meno a cuore, e in cui dunque hanno investito meno.

Inoltre sanno minimizzare meglio un possibile insuccesso, e rialzarsi più fretta per dedicarsi a nuove attività che li aiutino a dimenticare e a riprendere le redini della loro vita.

Diversamente da chi ha bassa autostima. Costoro intraprendono attività con scarsa partecipazione ed entusiasmo, il che ovviamente si tradurrà in demoralizzarsi facilmente, scoraggiarsi, perdere interesse nell'obiettivo iniziale, e dunque nella scarsa probabilità di portarlo a termine.

Le persone dalla bassa autostima tenderanno a schivare anche le situazioni più banali, se vi fiutano il rischio di insuccesso, sono più vulnerabili e hanno costante bisogno di supporto dall'esterno.

Si arrendono facilmente di fronte a un insuccesso, o se influenzate da un parere contrario a quel che loro pensano. Di fronte alle critiche, sono anche molto suscettibili e si abbandono rapidamente ai sentimenti di delusione e amarezza. Ma come mai si determina questo divario tra persone con alta autostima e buona valutazione di se stesse, e persone con scarsa autostima e che si valutano negativamente?

L'attribuzione di giudizi da parte altrui, il ben noto 'specchio sociale'. Le opinioni che gli altri hanno di noi contribuiranno a formare il modo in cui ci autodefiniamo. Poi, sempre in relazione agli altri, il processo di confronto sociale: da tale confronto scaturisce una valutazione, non sempre felice, di se stessi.

Infine, l'auto-osservazione, che in parte coincide anche con il confronto sociale. Ci autodefiniamo in primo luogo a partire da noi stessi, ma anche prendendo consapevolezza delle differenze tra noi e gli altri. Ogni persona osserva ed interpreta se stessa e gli altri, formando una "teoria di sé" finalizzata a mantenere la propria autostima.

Anche gli ideali di un individuo possono influenzare l'autostima, in particolare in modo negativo, se essi sono troppo ambiziosi e fuori dalla sua portata. La gente compie decisioni e si muove sulla base di ideali: quando percepisce una discrepanza forte tra il suo stato attuale e lo scopo ideale, cerca di ridurre tale discrepanza mettendo in atto certi comportamenti.

Quindi forma dei "piani ideali" che guidano il suo comportamento, alcuni di questi piani sono legati alle abitudini concrete, come la decisione di andare in palestra tre volte a settimana, o al corso di pittura.

Altri piani sono legati ad ideali più astratti, come il voler diventare una persona più attiva, ridurre la pigrizia, o sviluppare la propria creatività. Il succo è che la discrepanza tra come siamo e come idealmente vorremmo essere genera emozioni negative, una tensione da placare, motivo per cui siamo portati a colmare tale discrepanza percepita.

Quindi, riflettiamo non solo su come l'immagine e la percezione di sé influiscano sulla formazione di abitudini, ma anche come, viceversa, certe errate abitudini influiscano in negativo sull'immagine che creiamo di noi.

L'autostima e considerazione di sé risentono di una serie di cosiddette distorsioni cognitive: la tendenza a maturare delle idee arbitrarie, senza effettivo riscontro nella realtà obiettiva, le eccessive generalizzazioni a partire da un singolo caso, la massimizzazione degli effetti negativi di un'azione svolta o, diversamente, ma analogo risultato, la minimizzazione degli effetti positivi, e altri ancora.

Vediamo alcune utili strategie per accrescere la considerazione di sé. Il miglioramento dell'autocontrollo, ad esempio. L'accrescimento delle nostre capacità di problem solving: più problemi riusciamo a risolvere, più avremo fiducia in noi stessi e nelle nostre risorse.

Anche l'abitudine a dialogare con noi stessi mediante la nostra voce interiore, il cosiddetto self-talk, aiuta la nostra autostima, inviando messaggi positivi alla nostra mente, che ne sarà positivamente influenzata come la nostra autopercezione.

Lavoriamo inoltre sul nostro stile attribuzionale, rendiamolo più obiettivo in modo da, per esempio, non attribuire erroneamente a noi stessi avvenimenti o situazioni sfavorevoli che con noi non hanno nulla a che fare.

Cos'altro può influenzare, specialmente in senso negativo, l'immagine di noi stessi? Innanzitutto, i giudizi relativi al nostro corpo, al nostro aspetto. Spesso possiamo percepirli come un attacco diretto a noi stessi, oppure può capitare che una persona, per liberarsi di proprie caratteristiche fisiche sentite come inaccettabili, le attribuisca a noi, dando luogo soprattutto all'attribuzione di etichette o nomignoli poco piacevoli. E' ovvio che una persona costantemente esposta ad influenze e giudizi negativi di questo genere inizierà a disistimarsi. Quello di giudicare l'aspetto fisico è quindi un atteggiamento tanto diffuso quanto deprecabile, che andrebbe evitato perché può avere delle ripercussioni molto profonde e dannose.

La mente è come una lente: il giudizio di se stessi e del proprio aspetto passa attraverso questa lente, che può cambiare, distorcere, ampliare o rimpicciolire ciò che osserva. Perciò è fondamentale abituarci a neutralizzare le visioni distorte che non ci consentono di amarci per come siamo.

Secondo i risultati di uno studio americano, i social network e Facebook favorirebbero l'aumento della propria autostima. Tuttavia, un utilizzo esagerato e sconsiderato porterebbe a narcisismo ed altre patologie. Capiamo bene quanto sia importante migliorare l'immagine di sé, se vogliamo avere successo nel modificare positivamente le nostre abitudini. Abitudini positive e consolidate portano al successo.

Ma come migliorare la nostra immagine? È possibile migliorare l'immagine che uno ha di sé? Anzitutto, non dobbiamo avere un'unica immagine di noi stessi, ma dobbiamo averne varie, e distinguerle a seconda delle situazioni e compiti che si presentano.

Per esempio, se in alcuni compiti ci sentiamo poco bravi, non demoralizziamoci, sicuramente saremo migliori in altre attività. Non dobbiamo tenere un'immagine di noi stessi generalizzata, come un campione applicabile a tutti i casi della vita. Dobbiamo anche tenere conto delle circostanze obiettive in cui ha avuto luogo una nostra prestazione negativa, o un insuccesso, di cui andiamo poco fieri, senza correre a conclusioni affrettate ed approssimative. A volte basta definire alcuni piccoli obiettivi di miglioramento del sé e dei propri punti deboli per cambiare in positivo la percezione di sé. Come abbiamo già detto, procediamo da obiettivi piccoli verso obiettivi man mano più grandi.

Vediamo in concreto un esercizio mentale che possiamo svolgere per migliorare l'immagine di noi stessi. Creiamoci uno spazio tutto nostro dove poterci comodamente mettere a nostro agio, senza venire disturbati, ed iniziamo a respirare profondamente, lentamente, raggiungendo lo stato di rilassamento. Man mano che questo diventa sempre più profondo, noteremo che la nostra mente sarà sempre più sgombra, dando il via alla libera immaginazione. Ecco: immaginiamo dunque che si materializzi dinanzi a noi una copia di noi stessi, la copia più bella che possiamo concepire e che rispecchi il nostro 'io' più autentico, che ne esalti la purezza, i colori, anche la dimensione, nel caso l'immagine fosse troppo minuta e non definita.

L'immagine che abbiamo creato, insomma, deve corrispondere a come esattamente vorremmo essere. A questo punto, abbandoniamoci pian piano alla sensazione di totale gioia che sopraggiunge, sprigionata dall'essere un tutt'uno con questa vera e beata immagine di noi stessi. Di questa nostra immagine osserviamo la postura, l'abbigliamento, il tono della voce, l'interazione con gli altri, come si muove nello spazio, come fronteggia i problemi, e soprattutto quali sono i suoi obiettivi, come si pone dinanzi a questi obiettivi.

Quando questo scenario sarà ben chiaro nella nostra mente, quasi tangibile, facciamo un passo avanti per unirci in comunione con questo autentico 'io'. Entriamo dentro di esso e guardiamo attraverso i suoi occhi, parliamo attraverso la sua bocca, ascoltiamo con le sue orecchie, immedesimandoci, e provando a sentire come saremmo se davvero possedessimo quelle qualità.

Lasciamo che tale sentire entri concretamente in noi, superando la barriera del corpo, e rimaniamo per qualche minuto in questo stato. Concludiamo riflettendo su come la nostra vita cambierebbe in meglio se davvero imparassimo a vivere in modo più autentico, come fa il nostro 'sé', col quale siamo appena entrati in contatto. Guardando qualsiasi situazione e problema da questa nuova prospettiva, sicuramente tutto volgerebbe in meglio. Immaginiamo di applicare questa prospettiva non solo al futuro, ma anche al passato e specialmente al presente.

Come formare un'abitudine da zero e mantenerla nel tempo

Abbiamo parlato a lungo di abitudini. Ma come si forma un'abitudine a partire da zero? Le ultime ricerche sostengono che le abitudini nascono associando una situazione ad un'azione, e ripetendo varie volte quella specifica azione in quella specifica situazione, finché l'azione diviene automatica. Ci rendiamo conto che l'azione, o comportamento, è diventato automatico quando presenta determinate caratteristiche, quali efficacia, involontarietà ed assenza di consapevolezza e di controllo.

Le abitudini sono immaginabili come un ciclo composto di tre fasi: prima c'è un segnale, o stimolo di partenza, che comunica al nostro cervello di mettersi in "modalità automatica" ed usare, svolgere una certa abitudine. Poi vi è la routine, che può essere fisica, mentale o emotiva. Alla fine vi è la risposta - che se positiva è ricompensa - che comunica al cervello se quello specifico ciclo comportamentale sia utile da ricordare e riapplicare in futuro, oppure no. Questo ciclo diventa sempre più automatico, inconscio, con la sua ripetizione nel corso del tempo, così lo stimolo e la ricompensa si fondono, generando un forte senso di anticipazione, come se già pregustassimo la ricompensa solo pensando allo stimolo iniziale, e quindi nasce l'abitudine.

A partire da esperimenti e ricerche, sono state tratte delle conclusioni, che comunque non possiamo considerare verità scientifiche assolute, ma che hanno influenzato tutto il discorso e la letteratura successivi.   Ad esempio, sono state tratte conclusioni su quale sia il tempo necessario per formare una nuova abitudine. In particolare, con gli esperimenti del chirurgo plastico Maltz, che eseguiva operazioni chirurgiche sui suoi pazienti, e poi dal 1950 iniziò ad osservarne l'adattamento alla loro nuova condizione fisica. Le conclusioni di Maltz furono raccolte in un libro, che divenne presto un bestseller ed influenzò tutta la visione seguente sul self-help e gli esperti di settori simili. Il succo di tali osservazioni fu che ci vogliono circa 21 giorni per adattarsi ad un cambiamento, e conseguentemente formare nuove abitudini. Parecchia confusione fu fatta: si stabilì l'affermazione che ci volessero 21 giorni per formare una nuova abitudine, mentre in realtà Maltz affermava ci volesse un minimo di 21 giorni.

Dagli esperti del settore, questa credenza si è poi diffusa nella società e nel pensiero comune. Perché questo "mito" dei 21 giorni si è diffuso così efficacemente? Probabilmente perché il periodo di tempo era abbastanza corto da risultare stimolante, e abbastanza lungo da risultare fattibile, verosimile. La gente era quindi allettata dall'idea di apportare un cambiamento importante alla propria vita, come una buona abitudine, in un periodo relativamente breve.

Per capire davvero quale fosse la risposta, possibilmente scientifica, all'interrogativo sulla formazione di una nuova abitudine, furono effettuate tanti altri studi dai ricercatori, prettamente basati sull'osservazione dei comportamenti di gruppi di persone, ed emerse che in realtà ci volevano in media 66 giorni prima che un nuovo comportamento divenisse automatico. Inoltre non era un dato affatto oggettivo, e fu preso con le pinze, perché il tempo poteva ovviamente variare in base al comportamento, alle circostanze, all'individualità della persona.

In sostanza, non aveva più senso cercare di propagare l'idea che si potesse creare una nuova abitudine in tempi brevi, se si volevano impostare aspettative concrete. La verità, infatti, è che ci vogliono per noi dai 2 agli 8 mesi per formare una nuova abitudine, il lasso di tempo è assai variabile e non definibile, ma senz'altro non consiste in 21 giorni!

In questo periodo di tempo, dobbiamo trovare l'ispirazione giusta per intraprendere il lungo percorso di cambiamento. Possiamo considerare alcune buone ragioni per cui valga la pena cominciare questa ricerca, prima di lasciarci demotivare dalla prospettiva dei lunghi tempi.

Premettiamo che abituarsi a cambiare non è semplice, richiede forza di volontà e la decisione di mettersi in gioco, è un lento percorso. Quindi non c'è ragione di abbattersi se dopo aver tentato per qualche settimana non vediamo risultati concreti e l'attività intrapresa non è ancora mutata in un'abitudine. Dobbiamo solo reimpostare il nostro modo di pensare ed accettare che il processo richiederà più tempo del previsto. Non abbattiamoci e non giudichiamo noi stessi in modo negativo, anche perché non c'è necessità di essere perfetti. Accettiamo dunque di dover spostare più in là la nostra originaria scadenza, e comprendiamo così che le abitudini sono un processo, e non un evento che capita così, dal nulla, o per fortuna. Bisogna abbracciare il percorso, lavorare duro e in alcuni casi anche usare una tecnica personalizzata ed adeguata.

L'unico modo di arrivare al traguardo è quindi quello di cominciare con il giorno numero uno, semplicemente, di concentrarsi sul lavoro da fare 'hic et nunc', e non fantasticare già sulla fine, presi dalla fretta o dalla smania di arrivare.

Una scoperta interessante fatta dai ricercatori è che quando eseguiamo il comportamento che ci siamo prefissati, il commettere errori non incide notevolmente sul processo di formazione della nuova abitudine, al contrario di quanto ci potremmo aspettare. Non importa più di tanto se commettiamo errori nel processo di formazione o cambiamento di un'abitudine, anche perché non è sicuramente un processo semplice, e la nostra mente comprende che gli sbagli sono da mettere in conto.

Anche saltare la pratica per l'ottenimento della nuova abitudine per un giorno o due più non comprometterebbe i risultati, non sono stati notati cambiamenti significativi dai ricercatori. Saltare però una settimana di pratica ridurrebbe considerevolmente la probabilità di proseguire e mantenere il comportamento nel tempo, e quindi di formare l'automatismo.

Se vogliamo intraprendere un nuovo comportamento che, ripetuto nel tempo, porti alla nascita di una nuova abitudine vantaggiosa, possiamo seguire alcune regole, preziosi trucchi psicologici.

Mettiamo per iscritto il nostro piano e sforziamoci di seguirlo. Questo ci aiuterà a fare sin da subito maggiore chiarezza, definendo aspetti, tempistiche e scadenze del nostro obiettivo. Sin da subito, avendo tutto ben chiaro in testa, potremmo metterci a lavoro con più determinazione. Inoltre è più difficile desistere da una promessa messa per iscritto, piuttosto che da un vago pensiero. Possiamo stilare quasi una sorta di contratto tra noi stessi e l'obiettivo.

Utile sarà anche creare una routine. Le abitudini sono comportamenti in apparenza semplici, in realtà complessi, e si mettono in moto a partire da specifici stimoli attivatori, come visto in precedenza. Lo stimolo attivatore funziona come il condizionamento usato nel famoso esperimento dei cani di Pavlov. Ad esempio, il suono della sveglia potrebbe essere lo stimolo attivatore che imponiamo a noi stessi quando vogliamo alzarci presto la mattina. Insomma, dobbiamo decidere lo stimolo attivatore da associare all'inizio dell'abitudine che vogliamo interiorizzare. Ogni volta che "partirà" quello stimolo, saremo condizionati a passare all'azione. Ad esempio potremmo selezionare come stimolo 'trigger' una canzone rock o un timer sul cellulare. Ripetendo questo processo nel tempo, lo stimolo andrà ad influenzare in automatico il comportamento stabilito.

Imponiamoci di mantenere il nostro impegno semplice. La semplicità sarà dunque un altro trucco per il successo, poiché ovviamente è più facile svolgere compiti semplici. Ad esempio, prefiggiamoci di andare a correre tutte le mattine mezz'ora all'aria aperta, piuttosto che effettuare faticose sessioni pianificate di flessioni, addominali e squat. Riduciamo il numero delle regole da seguire. Il piano deve essere semplice, ma particolareggiato al tempo stesso, non generico o confusionario, in modo da tenere in conto preventivamente i potenziali impedimenti.

Infine, un'altra preziosa regola coincide con la 'replacement theory', ossia se non riusciamo davvero ad eliminare una cattiva abitudine, possiamo sostituirla, rimpiazzarla con una nuova e semplice abitudine positiva. Vediamo così il comunissimo caso delle persone che si mangiano le unghie. È un vizio sgradevole, sia perché ci fa apparire insicuri e nervosi agli occhi degli altri, sia perché rende più brutte le unghie e le mani. Per queste persone sarà assai difficile smettere completamente questo vizio, ma sarà possibile invece sostituirlo applicando dello smalto sulle unghie.

Detto ciò, vediamo qualche interessante idea per nuove abitudini da adottare, così da mettere anche in pratica e sperimentare i consigli visti finora: leggere più libri, svegliarsi - ed alzarsi! - presto la mattina, allenarsi, fare meditazione o yoga, smettere di guardare la tv e passare ore a smanettare inutilmente col cellulare.

E una volta acquisita una sana abitudine, come mantenerla nel tempo? Paradossalmente, i vizi che tutti noi abbiamo, e che vorremmo eliminare, sono radicati e molto ardui da abbandonare; ma quando si tratta di voler mantenere delle abitudini vantaggiose per la nostra vita, tutto diventa più faticoso e richiede sforzo. Questo è dovuto alla debolezza della mente umana, che predilige i vizi che diano un piacere immediato, ma non duraturo - e che possono anche causare danni a lungo termine - anziché lavorare duro per mantenere delle buone abitudini, perché non ne vede il vantaggio immediato, quindi sceglie chiaramente la via più semplice. Se ci rendiamo conto di non essere capaci di trasformare i buoni propositi o comportamenti in azioni routinarie, allora dovremo ricorrere a delle tecniche per abbattere la barriera dell'autosabotaggio e della procrastinazione, che ci impedisce di progredire nella crescita personale.

Ricorriamo allora alla mente che, come sappiamo, è un meraviglioso strumento che ci viene anche in aiuto, e lo fa con la routine; infatti, sforzandosi di mantenere una specifica abitudine per un certo tempo, giorno dopo giorno, fino a un mese, ad esempio, il cervello includerà quell'abitudine nella nostra routine giornaliera, creando delle connessioni neurali adibite al rafforzamento e ripetizione di quel comportamento, che diverrà automatico. Quindi proprio quello di immettere l'abitudine nella nostra routine è il primo passo fondamentale per cominciare o mantenere un buon intento. I piccoli cambiamenti fatti passo dopo passo sono essenziali. Per esempio, se siamo pigri nel fare sport solo due o tre volte a settimana, potremmo imporci di farlo ogni singolo giorno della settimana, così diventerà un automatismo tale per cui alla fine prenderemo la borsa e ci recheremo in palestra senza nemmeno accorgercene.

Creiamo ogni giorno un'alternativa. In altre parole, se non possiamo o non vogliamo ripetere un'abitudine ogni giorno, ma vogliamo comunque che rientri nella nostra vita, non prendiamo dei giorni di pausa dove assolutamente non facciamo niente. Non deve esserci un tale squilibrio tra i giorni in cui facciamo tanto ed altri in cui stiamo ad oziare, ciò distoglierebbe rischiosamente il focus dall'obiettivo dell'abitudine. Piuttosto scegliamo un'attività similare e complementare con cui sostituire quella principale.

Possiamo anche coinvolgere altre persone, amici con gli stessi interessi, a praticare e mantenere la buona abitudine con noi. Senz'altro i nostri amici non sarebbero contenti di vederci mancare ad un appuntamento, così abbiamo anche aggiunto l'elemento del senso di responsabilità ed impegno preso verso qualcun altro, che ci motiverà a mantenere la nostra abitudine e non cedere alla pigrizia. Inoltre alcune attività potrebbero senz'altro risultare più divertenti svolte in compagnia che da soli.

Creiamo anche uno schema prefissato di una lista di buone abitudini che vogliamo per noi stessi, e svolgiamole sempre una in successione all'altra, appunto seguendo uno schema incatenato di attività. Facciamo sì che la prima e l'ultima attività dello schema siano parte della nostra routine già da un po' di tempo, così sarà facile iniziare e finire. Tra queste due abitudini, decidiamo di inserire tutte le altre a piacimento: di giorno possiamo decidere di pranzare, controllare le mail, studiare, prima di prepararci alla cena e ad andare a letto. Se però un giorno vogliamo prenderci una pausa dallo studio, possiamo saltare direttamente allo step successivo, oppure sostituire con un'altra attività più leggera, l'importante come già detto è non stare senza far nulla. La successione di attività inserite tra le due attività quotidiane fisse, agevolerà il cervello a formare associazioni (finito, o saltato questo step, passiamo al successivo).

Adattiamo inoltre la formazione e mantenimento dell'abitudine alla nostra soggettività. Non siamo tutti uguali, quindi adotteremo stili diversi, anche in base alla nostra tendenza naturale ad accettare o rifiutare aspettative interne ed esterne. Ci sono anche i cosiddetti tipi allodole e i gufi. I primi si svegliano sempre presto al mattino ed iniziano a produrre, mentre i gufi faticano a carburare e sono più produttivi di sera.

Notiamo bene che l'andare a letto non prima delle tre di mattina, non vuol dire che siamo dei gufi. Potrebbe solo essere che consideriamo la sera uno dei pochi momenti per goderci la vita, magari dopo una giornata di lavoro che non ci soddisfa, e allora vogliamo passare la sera fuori e rifiutiamo di andare a letto presto. Il modo giusto per distinguere e classificare è semplicemente monitorarci e capire qual è il momento in cui produciamo di più durante la giornata.

Anche l'ambiente circostante gioca un ruolo centrale nel mantenimento di abitudini, o nel fallimento di questa impresa. Un ambiente poco stimolante o che ci influenza in negativo, può distruggere le nostre buone abitudini, ma fortunatamente ciò non vale solo per le buone abitudini, ma pure per le cattive.

È più facile cambiare l'ambiente circostante che noi stessi, ma questo in buona misura determina anche noi stessi e come agiamo, quindi dobbiamo prima di tutto partire da noi stessi per cambiare. Chiaramente non possiamo riempire il nostro frigo di schifezze e dolciumi se abbiamo in testa di cominciare una dieta, né tantomeno possiamo recarci a casa di amici che ci trascinano in una situazione analoga.

Ad esempio, se sentiamo che l'ambiente è per noi nocivo e non ci consente di spiccare il volo, potremmo drasticamente decidere di cambiare ambiente, ad esempio trasferirci in una casa nuova, o in un'altra città, e sfruttare la situazione per costruire una nostra nuova routine indipendente. Oppure possiamo viaggiare per aprire la nostra mente a nuove prospettive mai pensate prima, da riportare con noi nella vita consueta. Questo meccanismo di "rivoluzione" ha però la pecca di essere molto dispendioso in termini di energia, e quindi non praticabile a lungo. È molto adatto a chi si è imposto scopi chiari e strutturati da raggiungere in tempi brevi; i cambiamenti possono comunque divenire duraturi.

Come costruire un rituale mattutino per sviluppare disciplina e positività durante la giornata

Un rituale mattutino è il rituale della serenità ed è costituito da una serie di attività prestabilite che hanno lo scopo di aumentare la consapevolezza di noi stessi e della realtà, del nostro futuro ideale, ed anche di svuotare la testa dalle preoccupazioni. La routine mattutina consente di cominciare la giornata alla grande, innanzitutto per i benefici a breve termine, quali migliorare lo stato d'animo, la motivazione, la serenità, proprio perché il rituale allevia le preoccupazioni e svuota la mente, migliora l'energia e l'autodisciplina. E poi ci sono i benefici a lungo termine: da una parte, sforzarsi di mantenere la routine tutti i giorni - o quasi - richiede disciplina, ma dall'altra parte, a lungo termine questo viene ricompensato con una maggiore libertà, poiché quando si ha una routine quotidiana in linea con i propri valori, aumenta la consapevolezza di cosa vogliamo ottenere; alla lunga, dunque, questa aiuterà a raggiungere più facilmente i nostri obiettivi. Una volta raggiunti quest'ultimi, se li abbiamo saputi scegliere saggiamente, automaticamente aumenterà anche la nostra libertà.

Inoltre aumentano la tranquillità e l'autostima. Se non abbiamo nessuna routine, se iniziamo la giornata così "a caso", svolgendo azioni in modo quasi casuale, si accumuleranno tutta una serie di scadenze, di cose non fatte; all'inizio procrastinarle ci fa sentire meglio, perché ci sentiamo liberati da un peso, ma alla lunga le scadenze si ripresenteranno, e le cose andranno comunque inevitabilmente fatte, e dunque non saremo affatto tranquilli e sereni.

Siccome dobbiamo stare al passo coi ritmi della vita, spesso frenetici, quasi per abitudine molti di noi la mattina si svegliano ed escono di corsa, prendendo al volo un caffè per colazione. È senz'altro una routine di bassa qualità, che non ci fa cominciare la giornata col piede giusto, anzi, non è nemmeno lontanamente definibile come routine!

Tuttavia ogni giorno, al risveglio, possiamo scegliere di cambiare le nostre pigre abitudini e dare una svolta positiva alla giornata, per cambiare le cose e caricarci di energia.

Ma cos'è un rituale? E perché è utile? Il rituale è un atto, o un insieme di atti, eseguito secondo norme codificate. Ha a che fare con la religione ed il sacro, è dunque qualcosa a cui bisogna dedicarsi con devozione, che non si può trascurare e che deve essere praticato con regolarità. Ad esempio, i monaci dell'Himalaya praticano cinque rituali mattutini per mantenersi in buona salute: si tratta di semplici esercizi fisici che agiscono sulle ghiandole endocrine per riattivare e normalizzare il movimento rotatorio, armonizzando il flusso di energie ed eventuali squilibri ormonali. Ma i rituali non sono solo pratiche di natura ascetica o sportiva, sono dei meccanismi di formazione di abitudini, che ci portano al risultato desiderato attraverso la ripetizione sistematica di un determinato percorso, che poi è il rituale stesso.

È piuttosto scontato comprendere l'utilità di un rituale mattutino, quindi non abbiamo bisogno di studi scientifici che ne legittimino la positività. Non serve la teoria, poiché il buon senso è di per sé sufficiente a motivarci nell'intraprendere un sano rituale mattutino.

Basterà illustrare un semplice esempio: nel primo caso ci svegliamo, e non appena aperti gli occhi, già controlliamo il cellulare, quasi accecati dal bagliore del display, ancora mezzi addormentati. La nostra mente sarà già bombardata da e-mail, notifiche ed impegni vari. Poi ci alziamo, accendiamo la tv e passano il notiziario, pieno di cronaca nera, traffico e quant'altro. Siamo già in ritardo per un meeting, così sfrecciamo fuori dalla porta di casa, senza nemmeno fare colazione o bere un bicchier d'acqua.

Nel secondo caso, puntiamo la sveglia mezz'ora prima del solito, ed una volta svegli, passiamo qualche minuto a contemplare il silenzio e la quiete mattutini, meditando ad occhi chiusi e concentrandoci sul nostro respiro, sui nostri pensieri. Poi andiamo in cucina a preparare un frullato di frutta di stagione, e mentre lo gustiamo, mettiamo per iscritto i nostri obiettivi della giornata. Solo dopo tutti questi passaggi, prendiamo infine il cellulare per controllare notifiche e SMS. Usciamo poi di casa, ed avendo ancora tempo prima di arrivare a lavoro, decidiamo di prendere la strada che attraversa il parco.

Ora chiediamoci quale dei due "rituali" sarà il migliore per cominciare la giornata: la risposta è ovvia. Se ci chiediamo però a quale dei due rituali si avvicini di più la nostra mattina tipo, probabilmente la risposta sarà il primo rituale, il peggiore tra i due.

Tuttavia, sta solo a noi la scelta di cambiare, se vogliamo possiamo farlo, quindi il margine di miglioramento è ampio e realizzabile. Se pensiamo a quante altre migliaia di migliaia di mattine ci sveglieremo nella nostra vita, ci rendiamo conto che forse vale la pena di cominciare sin da ora a rendere migliori e più produttive le nostre giornate.

Come già citato nell'introduzione di questo libro, "noi siamo quello che facciamo ripetutamente". E a ciò potremmo aggiungere: "l'eccellenza, dunque, non sta nell'azione, ma nell'abitudine".

Riuscire a crearci un rituale del mattino, che comprenda esercizio fisico e meditazione, così come lettura e scrittura, ci aiuterà a vivere al meglio le giornate, donandoci un equilibrio prima mai conosciuto. Inoltre, adottando una serie di pratiche, sfrutteremo appieno le prime ore della giornata, le più preziose; infatti, come sappiamo, "il mattino ha l'oro in bocca".

Se, come molte persone, siamo abituati a non andare mai a letto prima delle due del mattino, sarà un cambio netto di abitudini, ma ne varrà senz'altro la pena se davvero vogliamo iniziare a prenderci cura di noi stessi, e a costruire consapevolmente il nostro futuro.

Tutte le persone di successo hanno in comune il fatto di avere dei rituali, che praticano con "religiosa" devozione. Oltre ad alcune attività comuni, come il riposo, il sonno ed il duro lavoro, ve ne sono altre, come l'esercizio fisico e l'abitudine di alzarsi presto la mattina, molto prima degli altri, per dedicarsi ad attività creative. In particolare, quest'ultima abitudine accumuna tutti i milionari di successo, assieme all'abitudine di imparare qualcosa ogni giorno, e di concentrarsi a fondo su una cosa e su come realizzarla.

Veniamo al sonno. Senza un buon riposo, è impensabile vivere al massimo la propria giornata. Quando abbiamo poca energia, le cose ci riescono male ed allora non vale più la pena continuare; meglio fermarsi, fare una pausa e poi ripartire. Per questo a volte possiamo accettare di saltare il rituale, o di ridurlo parzialmente. L'importante è che ci sia gioia in ciò che facciamo: svegliamoci al mattino per vivere.

Ci staremo chiedendo ora in cosa consista una routine mattutina: non c'è una risposta univoca, tutto dipende dalle nostre esigenze soggettive. Il rituale può consistere in un paio di semplici gesti, o in abitudini più complesse. L'importante è che svolga il suo compito di farci sentire più attenti e produttivi sin dal mattino, e che ci dia la giusta carica.

Vediamo alcuni esempi generici di abitudini mattutine, per farci un'idea. Svegliarsi 10 minuti prima del solito e meditare. Oppure, svegliarsi 30 minuti prima del solito, fare ginnastica leggera per

10-15 minuti, e poi stilare una lista degli obiettivi del giorno in ordine di importanza.

Oppure ancora, svegliarsi un'ora prima del solito, leggere per 20 minuti, scrivere alcune idee creative, o perché no, semplicemente disegnare, poi bere un frullato di frutta fresca ed infine mettere per iscritto l'obiettivo più importante del giorno.

Se davvero vogliamo rivoluzionare l'inizio della giornata, possiamo anche svegliarci alle 6, meditare per 10-15 minuti, fare ginnastica o stretching per 10 minuti, bere il solito frullato o un bicchier d'acqua, ed ancora stilare la lista di obiettivi del giorno.

Il rituale mattutino può consistere anche in semplici gesti che ci mettano di buonumore già ad inizio giornata, come giocare col nostro cane o gattino prima di uscire di casa, ma soprattutto dovremmo puntare alle azioni che davvero ci danno benefici per la giornata: per individuarle, abbiamo bisogno di provare varie opzioni nel tempo.

Attenzione anche ad eliminare le distrazioni. Se vogliamo prenderci cura della nostra felicità, dovremmo rifiutare notizie, e-mail ed SMS che arrivano troppo presto al mattino. Tali distrazioni intaccano la naturale serenità mattutina necessaria per esercitare la gratitudine ed acquisire consapevolezza.

Continuiamo quindi a vedere esempi di rituali mattutini, stavolta più nel dettaglio.

- Bere acqua. È fondamentale mantenere il nostro corpo e soprattutto la nostra mente idratati, iniziando la giornata con un bel bicchiere d'acqua. Pensiamo infatti che, quando siamo svegli, raramente passiamo tante ore senza bere; quando ci alziamo alla mattina siamo stati ben 6-8 ore senza bere acqua, dunque è importante provvedere subito a questo bisogno. Possiamo anche bere acqua calda e limone, per alcalinizzare le cellule del corpo e mantenerlo a temperatura stabile.

- Fare una colazione nutriente. La maggior parte della gente fa colazione al mattino, ma il corpo e le necessità nutrizionali di ciascuno di noi sono diverse. Dunque non basta consumare la solita colazione di yogurt, latte o cereali. Dovremmo fare vari tentativi per capire quale alimento assunto a colazione ci dà più energia, appesantendoci meno, insomma trovare l'alimentazione mattutina più congeniale al nostro organismo. La regola che vale per tutti è comunque quella di evitare cibi troppo zuccherati ed artificiali, e provare cibi semplici e ad alto contenuto energetico. Qualche idea per una colazione salutare: due uova sode, una fetta di pane proteico, frutta di stagione ed un tè. Oppure yogurt greco magro, fiocchi d'avena integrale, un frutto ed un caffè.

- Fare esercizio fisico. Abbiamo già menzionato più volte la sua importanza. Fare attività fisica al mattino non toglie ma fornisce energia, chiaramente se non compiamo sforzo eccessivo. Niente di complicato, basta fare qualche minuto di flessioni, un po' di yoga, o una corsetta all'aperto ascoltando musica. Con il giusto tipo di esercizi bastano solo venti minuti, ad esempio, praticando esercizi ad alta intensità, come aerobica, salti, affondi e squat, verranno attivate più aree del corpo nello stesso momento, facendoci risparmiare tempo e guadagnare in salute.

- Godersi il silenzio. L'importanza terapeutica del silenzio è notevole in un mondo dove siamo perennemente esposti al rumore della città, del traffico, della televisione, del cellulare, e chi più ne ha più ne metta. Semplici momenti di puro silenzio possono aiutare a riordinare le idee in vista della giornata che ci attende.

- Meditare. Anche la meditazione è già stata menzionata nei paragrafi precedenti. Alcuni sono per così dire scettici all'idea di mettersi a meditare, e probabilmente questo pregiudizio è dovuto al fatto che questa attività viene associata all'universo spirituale e new age. In realtà, meditare apporta dei benefici notevoli, come confermato da molte persone di successo che praticano regolarmente la meditazione. Questa è semplicemente formata da silenzio, calma e concentrazione messi assieme, ed è praticamente innegabile che tale combinazione sia vantaggiosa per chiunque. Chi non ne trarrebbe beneficio? Nel caso fossimo dubbiosi e non sapessimo da che parte cominciare con la meditazione, potremmo provare diverse app di meditazione guidata.

- Dedicare più tempo alla famiglia. Il lavoro, più tutti gli impegni quotidiani, possono risucchiarci completamente, soprattutto se gestiamo un nostro business o attività, che richiederà ben più delle consuete otto ore di lavoro giornaliere. Non dobbiamo però dimenticarci di trascorrere del tempo coi nostri famigliari e di prenderci cura di loro, non solo per il loro benessere, ma anche per noi stessi. Potremmo quindi ritagliare del tempo per inserire questa fondamentale attività proprio nella routine mattutina.

- Leggere un buon libro. Come per la meditazione, anche i vantaggi della lettura sono indubbi. Leggere sin dal mattino stimola nostra mente ed amplia le nostre vedute. Potremmo cimentarci in un genere di lettura per noi nuovo rispetto ai precedenti - sempre che abbia un contenuto positivo - oppure una buona idea sarebbe quella di andare in libreria e scegliere un libro che ci ispiri, o di riprenderne in mano uno che non abbiamo mai finito di leggere, anche perché al giorno d'oggi tendiamo a leggere sempre più online, e molto meno dal classico formato cartaceo.

- Scrivere per impostare gli obiettivi della giornata (e non solo). Come degli imprenditori, probabilmente abbiamo anche noi una 'to do list' con tante voci. Steve Jobs diceva: "Negli ultimi 33 anni mi sono guardato allo specchio ogni mattina e mi sono chiesto: se oggi fosse l'ultimo giorno della mia vita, sarei felice di ciò che sto facendo? Ed ogni qualvolta la risposta era no per troppi giorni di fila, sapevo che avevo bisogno di cambiare qualcosa". Quando stiliamo la nostra lista, attenzione però a non venire sopraffatti da tutte le cose da fare e perdere il focus dall'obiettivo principale del giorno. Proviamo allora a mettere per iscritto i nostri tre obiettivi principali come primo step della routine mattutina, partendo da quello che a tutti i costi dobbiamo portare a termine, quindi sempre elencandoli in ordine di importanza. Scrivere merita comunque un'attenzione particolare, infatti si tratta di scrivere non solo per elencare gli obiettivi della giornata, ma anche per esprimere meglio i nostri pensieri, tirar fuori le idee che abbiamo in mente: in questo modo potremo sfruttare i tanti vantaggi della scrittura. Non necessariamente dobbiamo stilare dei testi veri e propri, basterà appuntare alcune idee e spunti su un diario per darci maggiore entusiasmo a inizio giornata. Nel diario, giorno per giorno, possiamo anche incorporare l'esercizio della gratitudine, che semplicemente consiste nell'essere grati per tutto quello che abbiamo, che siamo, e per il mondo che ci circonda. Potremmo inizialmente sentirla come una forzatura, perché magari non proviamo davvero gratitudine, ma non dimentichiamoci del potere di auto-persuasione dei nostri pensieri sulla mente stessa; così, continuando a ripetere l'esercizio, alla fine inizieremo davvero ad "aprire gli occhi" e provare questa gratitudine, perché noteremo piccole cose alle quali prima non prestavamo attenzione. Dunque, fare una lista delle cose per cui siamo grati questa mattina, o di quello che è successo il giorno prima, delle lezioni di vita che abbiamo appreso, o dei momenti più belli che vogliamo ricordare, o ancora dei buoni propositi per oggi – non soltanto in termini di obiettivi! - o uno scarico libero di quello che ci passa per la testa, emozioni, preoccupazioni, sogni.

- Scriviamo anche una lista dei nostri valori, in ordine di importanza, perché quando abbiamo ben chiari i nostri valori, agiamo di conseguenza, con più fermezza. Spesso nella vita siamo indecisi perché non sappiamo bene a quali valori diamo più importanza e a quali meno. Invece, se abbiamo bene chiari in testa i nostri valori prioritari, prendere una decisione diverrà più facile. Stiliamo allora una lista di valori: pace, libertà, onestà, serenità, integrità morale, amore, amicizia, etica, divertimento...eccetera. Una volta fatta la lista, numeriamoli o disponiamoli in ordine d'importanza.

- Scriviamo anche delle affermazioni positive, l'ideale sarebbe anche leggerle ad alta voce così da farle penetrare profondamente nel nostro inconscio, così dopo qualche settimana di questo esercizio, l'inconscio inizierà a credere ed essere convinto esso stesso di queste affermazioni, come già visto per l'esercizio di gratitudine. Basta pensare che il 95% delle nostre azioni sono guidate dall'inconscio! Per esempio, potremmo scrivere: io sono indipendente da ciò che gli altri pensano di me, io sono felice, io mi accetto per come sono, io ho energie infinite...e così via. Il potere di queste affermazioni è grande, poiché andranno ad influenzare i nostri comportamenti senza che nemmeno ce ne accorgiamo.

Vediamo infine altri consigli su come partire da zero a formare il nostro rituale mattutino e mantenerlo nel tempo. La parte più ardua sarà proprio iniziare. Il trucco è trovare la scintilla che dia il via a tutto, ad esempio, se la nostra necessità primaria è rimetterci in forma, ci imporremo di alzarci tutte le mattine prima del solito per andare a fare jogging al parco; se invece la necessità è migliorare il nostro livello d'inglese, ci alzeremo presto per tenere nota dei nostri progressi, vocaboli nuovi e quant'altro su un quaderno.

- Iniziamo con un punto fermo, ovvero partiamo scegliendo un rituale che pensiamo possa avere su di noi maggiore impatto, e facciamone il nostro punto fermo, mettendolo da subito in pratica ogni giorno. Questo dev'essere il rituale che dà il là a tutto il resto. Ad esempio, potrebbe essere assai utile iniziare bevendo un bicchiere d'acqua. Serve a reidratare il corpo, ma è anche un gesto semplicissimo e "simbolico" per dare avvio alla giornata e proseguire col resto della routine. Dopo aver bevuto acqua, sembrerà ancora meno impegnativo continuare con yoga, corsa, o le altre attività che ci attendono. Atteniamoci al nuovo rituale per almeno un mese, prima di sommarvi altre nuove attività. Il rituale deve diventare un tutt'uno con la nostro risveglio, tanto da sentirci strani se non lo pratichiamo, come se ci mancasse qualcosa, come se uscissimo di casa senza scarpe ai piedi o senza esserci lavati i denti. Per molti, il punto fermo consiste nello svegliarsi con un certo anticipo, ad una determinata ora.

- Una volta stabilito il punto fermo, aggiungiamo man mano altre attività, nell'ordine che più ci si addice. Procediamo gradualmente nell'aggiunta, in modo da non andare in confusione e non sovraccaricarci, infatti l'eccessivo impegno è solitamente il motivo per cui si molla il rituale mattutino e si ritorna alle vecchie abitudini.

- Apportiamo modifiche e facciamo delle prove, se constatiamo che un nuovo rituale non fa per noi e non ne traiamo beneficio. Solo provando impareremo cosa è meglio per noi, quindi manteniamo ciò che si rivela utile ed eliminiamo il resto.

- La cosa più importante, una volta trovato il rituale adatto a noi, è mantenerci costanti nel praticarlo, per renderlo irrinunciabile, così presto ci ritroveremo a compierlo in modo automatico e senza sforzo.

Mettendo in pratica questi accorgimenti, ci renderemo conto di come "il buongiorno si vede dal mattino". Occorrerà del tempo per sviluppare una routine mattutina ottimale, ma ciò che importa è prendere le decisioni che danno inizio alla giornata con vera consapevolezza.

Come rimuovere abitudini negative e de-potenzianti

Benjamin Franklin disse: "E' più facile prevenire le cattive abitudini, piuttosto che cambiarle". Affrontiamo ora un punto cruciale nel discorso sulle abitudini. Tutti noi abbiamo delle cattive abitudini, dei rituali che seguiamo da tempo e che ci fanno entrare nella cosiddetta 'comfort zone', uno spazio o circostanza in cui ci sentiamo a nostro agio e protetti.

Facciamo attenzione a queste cattive abitudini, perché più le reiteriamo, più sarà difficile eliminarle. Oltre ad essere spesso dannose per noi e la nostra salute, queste abitudini negative sono anche ostacoli che si frappongono tra noi ed il raggiungimento dei nostri obiettivi, in quanto ci allontanano sempre più dal cambiamento desiderato, quindi dobbiamo imparare a superare questi ostacoli.

Facciamo un semplice esempio, nel quale probabilmente anche molti di noi si ritroveranno. Sara, la quale tra due mesi andrà al mare, ha intenzione di dimagrire di 5 kg e tonificarsi, per sentirsi più sicura di sé ed attraente nel suo nuovo bikini. La partenza si avvicina, e Sara dovrebbe allenarsi in palestra tre volte a settimana, ma qui viene il difficile, poiché Sara, quando torna a casa dal lavoro, ha l'abitudine di togliersi le scarpe e mettersi comoda sul divano, a consumare patatine e snack guardando la tv.

La lezione di crossfit in palestra inizia alle 19, ma per Sara è troppo faticoso alzarsi e rinunciare al suo momento di relax, e al solo pensiero di andare a sudare in palestra, preferisce restare comoda sul suo divano. Così succederà che Sara si allenerà una sola volta a settimana, magari due, rallentando il suo obiettivo di dimagrimento entro la scadenza prefissata. Dunque in questo banale caso, qual è la cattiva abitudine di Sara? Quella di cedere alla stanchezza e alla pigrizia, che la ostacoleranno dal raggiungimento del suo intento.

Le abitudini negative rendono faticoso ed in salita il percorso verso una vita appagante e salutare, e ci allontanano dalla versione migliore di noi stessi, potenzialmente raggiungibile. Se non le fermiamo, ci ritroveremo senza accorgercene giorno dopo giorno ad aver sprecato tempo e risorse, e con la nostra salute mentale e fisica rovinata.

Indaghiamo meglio su quali siano le cause delle nostre abitudini negative. Qualunque cosa, dal rosicchiarsi le unghie allo spendere una fortuna in shopping inutile, il bere nei weekend o fumare eccessivamente, o lo sprecare tempo su internet e cellulare, sono semplicemente una risposta allo stress e alla noia quotidiani, un modo per meglio affrontarli. Per chiunque è praticamente impossibile sottrarsi del tutto a noia e stress, quindi si tratta di apprendere dei nuovi e sani metodi per gestirli, per non dover più ricorrere a queste abitudini negative. Come spesso nella vita, pure le cattive abitudini nascono per riempire un vuoto, quando ci sentiamo annoiati, tristi o demotivati, iniziamo affannosamente a cercare qualcosa che compensi queste emozioni negative, dandoci piacere immediato: spesso però tali comportamenti andranno a discapito del nostro benessere nel lungo termine.

Come spezzare questo circolo vizioso? Dobbiamo prima di tutto prendere una decisione importante, ossia capire cosa vogliamo veramente. Affermazioni comuni come "voglio essere felice", "voglio rimettermi in forma", "voglio guadagnare di più" sono vaghe e lasciano il tempo che trovano. È importante sostituire a queste frasi obiettivi definiti, specifici e misurabili, e non eccessivamente ambiziosi, insomma alla nostra portata. Certo il salto di qualità non è semplice ed immediato. Chi penserebbe mai di mettersi a meditare anziché mangiarsi le unghie, o di uscire a fare una passeggiata anziché ingurgitare uno snack ipercalorico?

Chiaramente non è un cambiamento che si può attuare dall'oggi al domani, ma ci vogliono forza di volontà e perseveranza per perdere le cattive abitudini; è fondamentale cambiare lo schema mentale che è alla base di una determinata fissazione. In realtà, parliamo di come sostituire, ostacolare queste brutte abitudini, non di come eliminarle del tutto, poiché non esiste nessuna bacchetta magica per farlo, ma seguendo alcuni suggerimenti, e sommando la nostra forza di volontà, si possono senz'altro fare progressi.

Le abitudini scorrette sorgono per riempire un vuoto, quindi se cerchiamo di eliminarle, anziché sostituirle, quel vuoto prenderà il sopravvento sulla nostra forza di volontà, e ci ritroveremo sconfitti al punto di partenza. Se dopo i pasti non possiamo proprio fare a meno di una sigaretta, proviamo invece a lavarci i denti.

Dobbiamo agire con furbizia, usando il piacere a nostro vantaggio, ossia quando sostituiamo la brutta abitudine, pensiamo a qualcosa che, se fatto, ci dia grande piacere e soddisfazione, che ci faccia migliorare nel lungo termine e che soprattutto rinforzi la nostra autostima. Molti di noi stanno probabilmente cercando da anni di smettere di fumare, o di scialacquare denaro in shopping ed acquisti inutili, o di fermare altri comportamenti che causano disagio, ma purtroppo le brutte abitudini sono spesso profondamente radicate in noi e difficili da intaccare. Questo perché le nostre cattive abitudini soddisfano bisogni fondamentali e ci consentono di avere sensazioni che desideriamo fortemente - anche se siamo consapevoli che portano con sé varie conseguenze sgradevoli - non è quindi solo una mera questione di autocontrollo e forza di volontà.

Come procedere dunque?

- Prima di tutto, annotiamo tutte le nostre abitudini attuali, ciò che facciamo con regolarità, e dividiamole in due colonne, buone e cattive abitudini. Ci renderemo così conto di quante azioni compiamo senza nemmeno rendercene conto. Ci vorranno magari un paio di giorni per diventare consapevoli di tutte le nostre abitudini e completare la lista.

- Come già detto nei precedenti capitoli, sono le abitudini a determinare il conseguimento dei nostri obiettivi, quindi prima di tutto dovremmo avere ben chiaro in mente che cosa desideriamo, per sapere come raggiungerlo, e, di conseguenza, per modificare le nostre abitudini quotidiane. Dunque il secondo step è quello di pensare consapevolmente agli obiettivi che vogliamo raggiungere. Per esempio, se desideriamo avere un fisico scolpito dobbiamo ovviamente metterci in testa di smetterla con la sedentarietà, ed andare ad allenarci il più spesso possibile. Ogni abitudine produce un risultato, quindi riflettiamo se le nostre attuali abitudini sono in accordo o in disaccordo con ciò che desideriamo, e modifichiamole di conseguenza. Ogni scelta fatta oggi determina il futuro domani!

- Individuate le abitudini negative e gli obiettivi desiderati, passiamo all'analisi delle nostre cattive abitudini: esse sono ardue da sradicare perché garantiscono una ricompensa immediata, ma analizzandole e capendo da dove derivano, quali sono le loro cause precise, sarà alla lunga possibile cambiare atteggiamento e sostituirle con nuove abitudini positive.

- Dunque il successivo passo è quello di scegliere le nuove abitudini da introdurre, delle quali abbiamo assolutamente bisogno se vogliamo raggiungere gli obiettivi sperati. Possiamo come sempre metterle per iscritto su un foglio da conservare in un luogo ben visibile.

- Inoltre ragioniamo sui vantaggi che potremmo concretamente ottenere, sui risultati che saranno del tutto diversi da quelli finora ottenuti, e dei quali non siamo soddisfatti. Se smettiamo di fumare la salute ci ringrazierà, se smettiamo di mangiare malsano riusciremo a raggiungere il peso forma, se riusciamo a vincere la pigrizia e ad andare in palestra, otterremo il fisico dei nostri sogni. I pensieri positivi ci aiuteranno a restare motivati e a non mollare a metà strada.

- Dimentichiamoci di risultati immediati e statistiche, e prendiamoci tutto il tempo necessario al cambiamento, non creiamoci troppe aspettative, non stressiamoci. Piccoli cambiamenti fatti passo dopo passo ci regaleranno grandi risultati alla fine del percorso, dunque non è consigliabile stravolgere la nostra routine di punto in bianco. Iniziamo da cose fattibili, ad esempio, se vogliamo smettere di fumare, iniziamo col diminuire a una sigaretta al giorno. Lavoriamo su una sola abitudine alla volta, siamo pazienti e consapevoli del vero motivo per cui stiamo attuando un cambiamento in una certa area della nostra vita, proseguiamo con costanza e vedremo che i risultati non tarderanno ad arrivare. Ricordiamoci che non è possibile generalizzare sul tempo necessario a consolidare una buona abitudine, perché tutto dipende dai fattori in gioco: quanto è importante il cambiamento che stiamo affrontando, quanto è radicata in noi l'abitudine negativa, e così via. Niente fretta dunque.

- Se pensiamo troppo in là, questo sarà per noi controproducente, stiamo in un certo senso ingannando la nostra mente, quindi il percorso richiede alta concentrazione, volta alla volta. Piuttosto dobbiamo concentrarci sui cambiamenti a breve termine, e se incappiamo in difficoltà non teniamo tutto per noi, chiediamo consiglio ad un amico, o svaghiamoci ascoltando musica.

Ribadiamo che le nostre abitudini determinano i nostri risultati di vita, quindi noi siamo il frutto delle abitudini adottate da quando siamo nati fino ad oggi. Modificando le nostre abitudini, possiamo letteralmente modificare la nostra vita. Facciamo ancora un esempio per comprendere più a fondo questo concetto. Vediamo come, a parità di circostanze, abitudini differenti possano portare a situazioni del tutto differenti.

Nel primo caso, abbiamo Enzo che odia il suo lavoro, non fa altro che piangersi addosso, e passa tutto il tempo libero al cellulare e guardando serie tv. Queste abitudini l'hanno portato a diventare sedentario e a trascurare il suo benessere psicofisico. Il risultato sarà che Enzo continuerà a fare il lavoro che odia e a commiserarsi, perché è impigliato nelle sue brutte abitudini, che gli impediscono di trovare una via d'uscita.

Nel secondo caso, abbiamo ancora Enzo che odia il suo lavoro, e che tuttavia si impegna ogni giorno per trovare una soluzione a questo problema, e passa tutto il tempo libero a migliorarsi e a studiare per poter un giorno ottenere un lavoro migliore. Inoltre, per sentirsi più motivato, Enzo va regolarmente in palestra e si prende cura della sua persona. Stavolta il risultato sarà che Enzo col tempo otterrà il lavoro che vuole perché è concentrato sulla soluzione, invece che sul problema, non si piange addosso, ma ha messo in pratica una serie di buone abitudini che lo porteranno sempre più vicino al suo intento.

Questo semplice esempio ci mostra come, a parità di circostanze, scegliere di adottare buone o cattive abitudini porterà a dei risultati di vita completamente diversi. Ora dovremmo avere chiaro più che mai il potere delle abitudini, e l'importanza di sostituire le vecchie abitudini depotenzianti. Vediamo altri suggerimenti utili al raggiungimento del nostro scopo.

- Scegliamo un sostituto della cattiva abitudine, mettiamo per iscritto un piano d'azione per rispondere alternativamente alla noia o allo stress, anziché la solita cattiva abitudine. Anziché fumare, facciamo delle flessioni, o meditiamo per dieci minuti, o facciamo un esercizio di gratitudine.

- Non proseguiamo solitari nella nostra missione di metterci a dieta o di smettere di fumare, solo per paura che altri ci vedano fallire. Uniamo invece le forze, facciamo gruppo o facciamo coppia con qualcuno che abbia i nostri stessi propositi ed impegniamoci insieme a smettere, in modo da motivarci a vicenda. Sapendo che altri si aspettano da noi un miglioramento, ci sentiremo responsabilizzati nel percorso di cambiamento e più motivati ogni giorno.

- Dunque troviamo persone coi nostri stessi ideali, che vivono nel modo in cui noi stessi vorremmo vivere; trovare nuovi amici non significherà abbandonare le consuete compagnie, ma teniamo a mente il potere di trascorrere più tempo con persone che ci ispirino e motivino al cambiamento, poiché vediamo in loro un modello positivo. Da loro possiamo imparare come affrontare in modo alternativo i bisogni alla base delle vecchie abitudini da sostituire.

- Parliamo ora di segnali, o agganci, quelle determinate cose, persone o circostanze che immediatamente ci ricordano e fanno scattare in noi la cattiva abitudine. Dobbiamo assolutamente tagliare più segnali possibili dalla nostra vita. Se mentre beviamo ci viene anche voglia di fumare, allora evitiamo di andare al bar; se appena ci sdraiamo sul letto la prima cosa che facciamo è prendere il telecomando per fare zapping, nascondiamo il telecomando da qualche parte, per non averlo sott'occhio. Se mangiamo le patatine in busta quando le abbiamo in dispensa, allora non teniamole

> più lì, o meglio ancora, non compriamole del tutto! In sostanza, modifichiamo l'ambiente attorno a noi, rendendolo funzionale ai cambiamenti che vogliamo attivare, così sarà più semplice spezzare la catena di abitudini de-potenzianti.

È essenziale avere disciplina, non continuiamo a rimandare, sperando che il cambiamento verrà da sé. Il fatto stesso di sostituire un'abitudine deve diventare la nostra abitudine quotidiana, quindi ogni giorno richiede impegno. Se vediamo che il cambiamento fatica ad arrivare, potremmo considerare di cambiare aria, modificare il nostro consueto ambiente, poiché è vero che tutto parte dalla mente, ma anche l'ambiente circostante ha un peso importante su ciò che pensiamo e facciamo. Inoltre, prepariamoci e prevediamo il fallimento, pianifichiamo anche i possibili inciampi e le relative mosse per recuperare.

Anche tenere nota dei nostri progressi quotidiani e rileggerli di volta in volta ci caricherà di motivazione per proseguire. Trovare la giusta motivazione è un altro punto saliente, infatti spesso aver deciso un fantastico obiettivo non basta, è solo una meta da raggiungere, ma se non siamo sufficientemente motivati al cambiamento, ci ritroveremo presto a capitolare.

Quando decidiamo cosa vogliamo davvero, e fissiamo il nostro obiettivo, fermiamoci sempre a chiederci il perché. Se vediamo che non siamo in grado di trovare sufficienti ed adeguate risposte a questa domanda, allora fermiamoci a riflettere, perché probabilmente non avremo mai la forza necessaria a contrastare la passività dello 'status quo'.

Tra le cattive abitudini peggiori, e che sfortunatamente interessano una grossa fetta della popolazione, rientrano quelle inerenti la sfera alimentare, e quelle che causano l'insonnia e cattivo riposo. Data l'ovvia importanza di alimentazione e riposo nella nostra vita, dedichiamo le prossime righe all'approfondimento di questi temi.

Le brutte abitudini si fanno largo anche tra i più disciplinati di noi e un'alimentazione non sana può portare diversi problemi alla nostra salute. Le abitudini diventano così tanto radicate in noi da non rendercene nemmeno più conto, e il responsabile di tale meccanismo è il cervello, esattamente la ganglia basale, la parte del cervello predisposta all'acquisizione delle abitudini, vantaggiose e non. Una delle abitudini che più incide sulla nostra routine quotidiana è il mangiare, perché ovviamente ogni giorno dobbiamo nutrirci. Per questo dobbiamo essere ben consci di quanto l'ambiente circostante incida sulla nostra cattiva alimentazione.

Un esempio classico è quello di stare davanti alla tv, soprattutto in quest'epoca dove spopolano serie tv e Netflix, e di rilassarci consumando un quantitativo smodato di snack come patatine e bevande gassate e zuccherate.

Ecco allora che avere un controllo sull'ambiente circostante contribuisce a migliorare da subito le abitudini negative e a sostituirle con quelle positive. Posizionare della frutta fresca dove solitamente si lavora, sarà in grado di aumentare del 70% la quantità di frutta che introdurremo nella nostra dieta giornaliera.

Quante decisioni riguardanti il cibo prendiamo nell'arco di una giornata? E soprattutto, sono scelte consapevoli e ragionate? Uno studio ha dimostrato che ne prendiamo più di 200: sono le cosiddette abitudini, e proprio per questo non vi prestiamo molta attenzione, perché vi siamo abituati, quindi spesso non sono scelte alimentari saggie.

Se cambiamo in modo positivo l'ambiente intorno a noi, possiamo più facilmente ottenere di rimpiazzare le cattive abitudini, ad esempio bevendo molta acqua, mangiando più fibre e frutta. Insomma possiamo ingannare il cervello, per esempio usare piatti più piccoli diminuisce la quantità del cibo contenuto in esso del 22%, di conseguenza anche il cibo che assumeremo.

Dedichiamo un altro piccolo suggerimento a quello che i nostri figli mangiano a scuola e alle abitudini alimentari scolastiche. Una ricerca svolta nelle mense americane dimostra che posizionare un cesto di frutta vicino alla cassa porterà ad un aumento considerevole del consumo di frutta da parte dei bambini, e che se su questi frutti attacchiamo un'etichetta colorata, vi sarà ancora un ulteriore aumento. È stato provato inoltre che mangiare in un ambiente pulito porta all'assunzione di meno cibi spazzatura e di cibi più sani. Insomma con semplici gesti e trucchetti quotidiani, possiamo rivoluzionare le nostre abitudini alimentari.

Veniamo ora all'insonnia: essa è per definizione "una condizione di insoddisfazione inerente la quantità e la qualità del sonno, contraddistinta sia dalla difficoltà nell'iniziare il sonno, sia nel mantenerlo". L'insonnia diventa un problema critico se la situazione sopradescritta si ripete per tre o più notti a settimana, nel corso di più mesi, pregiudicando anche le altre attività giornaliere, e se l'insonnia persiste a lungo può diventare anche cronica. Un sonno di qualità è infatti fondamentale non solo per riposare e rigenerare il corpo, ma anche per aumentare la nostra memoria ed attenzione, mantenere equilibrati i livelli ormonali del ritmo sonno-veglia ed il metabolismo attivo.

Spesso l'insonnia prolungata si associa anche ad altre patologie croniche, non necessariamente di natura psichiatrica, quali bassa tolleranza al glucosio e diabete, obesità, deficit cognitivi, ipertensione, alcolismo, depressione o ansia. Possiamo riconoscere l'insonnia da alcuni segnali distintivi: difficoltà ad addormentarsi, frequenti e repentini risvegli notturni, sonno non riposante, stanchezza, ansia, sonnolenza ed irritabilità durante la veglia.

Le cause più comuni di questo disturbo sono apnee notturne, l'assunzione di alcuni farmaci, periodi di forte stress, ma anche uno stile di vita sregolato ed abitudini errate. Spesso alcune cattive abitudini sono sufficienti a compromettere e disturbare il sonno, basti pensare all'utilizzo eccessivo di computer, tablet e cellulare prima di addormentarsi, al consumo smodato di caffè, tè o alcolici a tarda ora. Ed ancora la pessima abitudine di abbuffarsi a cena, in particolare consumando cibi proteici renderemo la digestione più difficoltosa e sfavoriremo un sonno di qualità.

Anche praticare attività fisica a fine giornata può essere controproducente, anche se magari lo facciamo per stancarci, perché in realtà ci rende più attenti e svegli, e sarà ancora più difficile prender sonno; meglio dunque praticare della ginnastica rilassante e mangiare leggero.

L'attitudine delle persone di successo

verso la vita

Spesso ci chiediamo quali fattori siano necessari per raggiungere il successo: è solo questione di talento o anche di fortuna? Tutto dipende da una sorta di talento innato, oppure bisogna sforzarsi giorno dopo giorno nella scalata alla vetta? Il successo è in un certo senso il nostro destino, o è invece nelle nostre mani? Ed ancora, le persone nascono già con una naturale inclinazione alla leadership, o siamo tutti potenziali vincitori?

La risposta che diamo alle domande sopraelencate definisce il nostro atteggiamento mentale nei riguardi della vita, ed anche del business e del lavoro. Se crediamo che il successo derivi da un talento o inclinazione naturale, probabilmente abbiamo un'attitudine mentale fissa. Se invece crediamo che le seconde opzioni siano le più valide, la nostra attitudine mentale è flessibile e volta alla crescita. Questa diversità di vedute divide nettamente in due lo scenario dei professionisti d'oggi.

uelli con un'attitudine più statica credono che la forza del talento innato sia tutto, e che il successo sia più dovuto al caso e alla fortuna. Perciò si impegnano nel provare a se stessi e agli altri le abilità che hanno acquisito, evitano le sfide e gli ostacoli, e pensano che l'apprendimento sia in fondo uno sforzo inutile. In altre parole, per loro la predisposizione al comando è inscritta nel DNA, c'è oppure non c'è, vedono solo bianco o nero.

Altri professionisti con un'attitudine flessibile e orientata alla crescita vedono più sfumature, sono magari inizialmente meno sicuri di sé, ma spinti dalla voglia di imparare e crescere, lavorano duro sia sulle abilità che già hanno acquisito, sia sui punti deboli, per trasformarli in punti di forza. Non hanno paura delle sfide, ed anzi sanno fare tesoro dei feedback e risultati negativi, ne ricavano insegnamenti utili per migliorarsi in futuro, dunque per loro tutte le esperienze quotidiane, belle e brutte, sono una palestra per allenarsi e crescere. Sono convinti che nel tempo diventeranno migliori e più forti.

Ovviamente saranno i secondi, apparentemente svantaggiati in partenza, ad ottenere maggiori risultati, perché anziché accontentarsi dello 'status quo', lottano e crescono con costanza e grinta, abbattono gli ostacoli; a differenza dei primi, che sfruttano solo in parte il loro innato potenziale, anche per paura del fallimento. Questa differenza di attitudine non solo caratterizza le persone ed i singoli professionisti, ma anche le imprese e le aziende.

Spesso ignoriamo che persone con le stesse risorse a disposizione, e che hanno fissato per se stesse gli stessi obiettivi, ottengono risultati molto diversi a seconda del loro modo di porsi alla vita, all'attitudine, o atteggiamento. Abbiamo già visto questo importante punto nel capitolo precedente su come rimuovere le abitudini negative, ma vale la pena rivederlo e approfondirlo. Perché in fondo l'atteggiamento con cui ci poniamo dinanzi ai casi della vita dovrebbe avere una tale importanza, addirittura più rilevante dell'avere o meno in partenza una certa abilità o risorsa? Ciò è spiegabile col forte legame che l'atteggiamento ha con la nostra autostima, infatti il modo in cui ci comportiamo nelle varie situazioni è la manifestazione più chiara e diretta dell'immagine che abbiamo di noi stessi.

In base alle nostre convinzioni, ci orienteremo naturalmente verso due contrarie tipologie di comportamento: propenderemo per un atteggiamento realistico, obiettivo ed equo quando metteremo in gioco tutte le qualità dentro di noi, allo scopo di raggiungere il risultato desiderato. Contrariamente, propenderemo per un atteggiamento non realistico, non obiettivo e non equo quando non utilizzeremo le qualità in noi - poiché pensiamo di non averne! – e ci metteremo in dubbio a causa della poca fiducia in noi stessi.

Se pensiamo che il raggiungimento dei nostri risultati è altamente connesso a questa scelta di atteggiamento, scopriremo che sono proprio le persone che si pongono positive alla vita, con pensieri ottimistici ad essere in grado di fissare obiettivi realistici. L'attitudine positiva alle varie situazioni consente alla persona che la adotta di immaginare concretamente risultati positivi e possibili da raggiungere con successo. Parliamo di "scoperta", perché spesso pensiamo erroneamente che le persone più ottimiste e sognatrici sprofondino nelle loro illusioni, e vivano sulle nuvole. Non è forse capitato anche a noi a volte di rimanere segnati da qualche vicenda negativa, da un risultato non raggiunto, e allora di non immaginare più obiettivi ambiziosi per noi stessi, per non illuderci in partenza, e restare ancora una volta scottati?

In realtà, quando siamo consci delle nostre capacità, crediamo in noi stessi, e fissiamo quindi una meta conseguibile, sappiamo prevedere la successione di 'step' per avvicinarci sempre più. Siamo anche consapevoli delle difficoltà che possiamo trovare lungo il cammino e che quindi sarà necessario suddividere il lavoro in tanti micro-obiettivi per arrivare al traguardo finale. Invece la seconda tipologia di persona, o di atteggiamento, è il sognatore che non sa valutare in modo realistico le proprie qualità e la realtà circostante, e quindi punta sempre più in alto rispetto ad un traguardo conseguibile, invece di procedere gradualmente.

Tornando a parlare di imprese e aziende, l'adozione dei due tipi di attitudine, statica o dinamica, porterà conseguentemente a due diversi tipi di impresa: quella statica, dove non vige la meritocrazia, le posizioni ed i ruoli sono fissi, i dipendenti non hanno grandi possibilità di crescita e per questo sono poco motivati ad esporsi e a fare di più, quindi resteranno scontenti nell'immobilismo della gerarchia, senza senso di appartenenza al "tutto" dell'impresa.

La tipologia di impresa dinamica invece è orientata al cambiamento e alla crescita, crede fortemente nel talento ma anche nello studio, quindi spinge i propri dipendenti a migliorarsi, ad esporsi e a prendersi anche dei rischi allo scopo di crescere. I dipendenti provano senso di appartenenza, si sentono parte attiva di un progetto comune e si fidano dei loro leader, quindi sono ovviamente più motivati dei dipendenti del primo tipo di impresa.

Alcune tra le maggiori aziende del mondo che hanno scelto questo stile virtuoso e dinamico hanno dato vita ad appuntamenti fissi per i loro dipendenti, come Microsoft che ha lanciato la manifestazione annuale 'hackathon', dove i dipendenti Microsoft di tutto il mondo possono partecipare attivamente, fare nuove proposte da sviluppare in team e con cui scendere in pista a gareggiare. I vincitori ottengono fondi per realizzare i loro progetti, e possono così mettere in luce a livello mondiale il loro talento ed ottenere la visibilità giusta per andare a ricoprire ruoli di prestigio.

Dopo questa interessante parentesi, andiamo a vedere ciò che differenzia l'atteggiamento delle persone di successo che raggiungono i propri goal, da quello delle persone che invece fanno fatica.

Prima di tutto, la progettualità, la pianificazione. Chi ha successo nella vita è in primis una persona ottimista e realista; inoltre non si butta mai a capofitto, quasi "a caso", in un nuovo progetto, perché sa che è necessaria una dettagliata pianificazione, fatta di tanti piccoli traguardi giornalieri, per arrivare vittorioso al risultato. Quindi non soltanto sa individuare un obiettivo e la relativa pianificazione, ma anche e soprattutto sa trovare le strategie adeguate.

Poi il passare all'azione. In seguito ad una ragionata divisione del lavoro, la persona di successo si mette subito in movimento svolgendo delle azioni, quindi produce cambiamenti, ha una visione del futuro e sa cogliere i giusti segnali dall'ambiente. Chi invece ha meno successo, anzitutto non ha attitudine al pensiero positivo e realistico, e di conseguenza si lancia nel suo progetto senza alcuna pianificazione e tende ad interrompere l'azione alle prime difficoltà che incontra, si mette a rimuginare e pensare che forse ha fatto male ad iniziare quel progetto, è titubane e mette in dubbio la propria autostima e forza di volontà.

Il terzo elemento di differenziazione è costituito dalla coscienza delle difficoltà. È convinzione comune che la persona dall'atteggiamento positivo faccia più pensieri ottimistici perché non vede e non considera gli ostacoli che potrebbero presentarsi. È una convinzione in realtà errata, che è necessario ribaltare, perché in realtà quel tipo di persona sa bene che si verificheranno difficoltà o momenti duri, ma sa anche di avere le qualità ed abilità per affrontarli e superarli con successo. Diversamente da chi ha un atteggiamento negativo, e non vede affatto gli impedimenti meglio degli altri, semplicemente è che non accetta le difficoltà, le vede come dannose e negative, quindi non vuole nemmeno sentirne parlare e metterle in conto nel proprio percorso. Sono questo tipo di persone a non essere in grado di prevedere quali situazioni si potrebbero presentare perseguendo un certo obiettivo, non prevedono certi eventi, anche a causa della loro minore esperienza a lanciarsi e sperimentare novità, quindi non sanno di avere in loro delle utili risorse a cui ricorrere per superare le battute d'arresto, e sprecano tali risorse, non lavorando su di esse, non si mettono alla prova perché temono il fallimento. Una tecnica utile per sviluppare la consapevolezza delle difficoltà è quella di scrivere una lista di questi potenziali ostacoli e dei relativi strumenti che abbiamo a disposizione per evitarli o per fronteggiarli. Un altro senso in cui è importante avere consapevolezza è il 'locus of control' interno, ossia la tendenza ad interpretare i risultati delle proprie azioni e delle proprie scelte come determinate solo da se stessi, e non da cause esterne. Si riconosce così la responsabilità individuale degli eventi, e questo incrementa la progettualità e l'azione (viste nei primi due punti).

Questa consapevolezza si collega alla seguente abilità, quella del pensiero critico. Chi sa osservare la realtà sociale, trovando i potenziali ostacoli e le potenziali risorse, così come analizzare aspetti positivi e negativi della propria persona, sa valutare la "fattibilità" dei propri intenti, e sa riconoscere la funzionalità o meno di certi comportamenti, ha il dono del pensiero critico.

C'è anche il pensiero creativo. Esso consiste nel saper generare nuovi idee e punti di vista, soluzioni alternative, vedere le cose da più angolazioni, e quindi avere doti intuitive ed immaginative.

Altro elemento a fare la differenza è l'apertura ai consigli altrui, l'essere pronti ad ascoltare gli altri. Gli unici discorsi da non considerare e dai quali non farsi influenzare sono le critiche negative sul proprio progetto, critiche denigranti, non costruttive, insomma senza un fondamento. Chi raggiunge i suoi traguardi è pronto ad accogliere tutto ciò che può essere utile e costruttivo e a lasciarsi scivolare addosso le affermazioni di chi non crede in lui, della serie 'non ce la farai mai'. Invece, chi si pone con attitudine negativa, non è affatto aperto al confronto, tende ad evitarlo e ad ascoltare solo le persone che in qualche modo confermino la sua visione pessimistica del mondo e delle cose. Possiamo estendere questo punto, che rientra nel più ampio spettro di 'skills' sociali, alle abilità comunicative in genere, il saper entrare in connessione con l'altro, comprenderne sentimenti e pensieri, essere assertivi e saper ascoltare in modo attento; all'empatia, l'entrare in sintonia con gli altri e comprenderne le emozioni come fossero le proprie. L'empatia è importante per costruire con facilità relazioni intime e stabili, consentendo anche di offrire e ricevere supporto dalla società; all'avere senso dell'umorismo e mantenere un sorriso anche dinanzi alle avversità.

L'ultimo elemento di differenza proprio delle persone di successo è la lamentela. Le persone ottimiste tendono a lamentarsi meno e a non incolpare gli altri o se stessi se le cose non stanno andando per il verso giusto. Potrebbero sì farlo in momento di profondo sconforto, ma più come un semplice sfogo senza brutte ricadute sulla realizzazione del progetto, per poi lasciare spazio ad una ritrovata autostima e spinta all'azione. Gli ottimisti raramente mollano il colpo di fronte a una situazione complicata. Chi invece è solito vedere tutto nero casca tendenzialmente nella trappola della lamentela che non porta da nessuna parte, si lamenta di se stesso e soprattutto degli altri, trova molte cose ingiuste nell'ambiente e nelle circostanze esterne, si reputa sfortunato e spera che "la prossima andrà meglio". Inoltre spesso si circonda di persone pronte a supportare e confermare i suoi pensieri negativi con ulteriori lamentele.

Riflettiamo bene su questi punti se abbiamo già un obiettivo in mente, così da poter prendere consapevolezza del nostro atteggiamento ed aggiustarlo, e prepararci efficacemente al lavoro che ci aspetta sulla via del traguardo. Ricordiamoci che il nostro attuale modo di porci nelle situazioni che viviamo è solo conseguenza e specchio della nostra autostima, quindi se pensiamo che questa non sia sufficiente, dobbiamo prima di tutto lavorare più a fondo sulla fiducia in noi stessi prima di pensare a come arrivare a un concreto cambiamento.

Continuiamo a scoprire le caratteristiche delle persone vincenti. Indipendenza: chi sa agire sulla base dei propri valori e obiettivi senza lasciarsi condizionare dal giudizio altrui ha più probabilità di successo. La motivazione, l'essere in grado di trovare nelle proprie risorse interne la spinta ad agire. La responsabilità, l'essere un individuo attivo nei gruppi, nella comunità, partecipando ed assumendosi le responsabilità delle proprie azioni. La flessibilità di sapersi confrontare e saper negoziare, fare compromessi, senza prevaricare gli altri. Ed ancora la speranza, nel senso di tendenza a pensare che gli eventi siano gestibili, quindi indirizzabili al positivo grazie all'uso delle proprie qualità e dell'attivo impegno personale, e che gli imprevisti incontrati nella vita possono spingerci a reinventarci e rafforzarci, con risultati positivi nel futuro. Sempre riguardo al futuro, abbiamo la chiarezza di obiettivi che si vogliono raggiungere in accordo alle proprie potenzialità e ai propri desideri; il successo nell'ottenere risultati quando portiamo a termine gli impegni; le forti aspettative, che chiaramente devono mantenersi realistiche; la tenacia e persistenza nel continuare; le aspirazioni formative, il voler imparare sempre più ed accrescere le competenze; l'entusiasmo e fiducia nel futuro, ed infine la coerenza nelle nostre scelte e nella ricerca di senso e significato nella propria esistenza.

Passiamo ora all'interessante caso di Albert Gray: costui era un assicuratore, un uomo comune, ma anche un ottimo osservatore, poiché per oltre trent'anni girò gli Stati Uniti vendendo polizze vita. Grazie al suo lavoro infatti, Gray entrò in contatto con migliaia di persone, ed ebbe l'opportunità di conoscere in profondità quella generazione che nel ventesimo secolo trasformò gli Stati Uniti nella potenza mondiale che attualmente sono. La sua straordinaria esperienza, lo portò a diventare uno stimato conferenziere, e proprio durante una delle sue famose conferenze, nel 1940, Gray tenne il suo più celebre discorso dal titolo "Il denominatore comune del successo".

All'epoca, molte persone erano sicure che l'unico segreto per il successo fosse il duro lavoro, eppure quanti uomini abbiamo visto e tutt'ora vediamo lavorare duro ogni giorno, senza comunque mai avere successo? E viceversa, altri che ottengono il successo, senza aver lavorato duro. Dunque l'arduo lavoro, per quanto importante nel raggiungimento dell'eccellenza, non era il vero segreto del successo. Studiando ed osservando le vite delle persone di successo, si può capire che quel segreto non sta unicamente nelle loro azioni, ma pure nelle loro motivazioni. Il denominatore comune del successo di queste persone, riscontrabile in centinaia e centinaia di casi, è l'abitudine di fare ciò che le persone comuni non amano fare. Possiamo non credere a quest'affermazione, o cercare di smentirla, ma alla fine solo così si spiega perché molte persone istruite, piene di qualifiche e che lavorano duro alla fine falliscono, mentre altre con ben poche chance raggiungono un successo inimmaginabile. Il fatto stesso che il successo venga raggiunto da una piccola minoranza di persone ci mostra come esso non possa essere conseguito seguendo la ricerca temporanea del piacere o i nostri fugaci istinti.

Ci staremo ora chiedendo quali sono queste attività che le persone comuni non amano fare, ebbene sono esattamente le medesime attività che io, tu, noi e anche le persone di successo non amiamo fare e tendiamo quindi a rimandare infinitamente. In che modo allora le persone vincenti riescono a farsi andar bene ciò che tutti noi, per natura, cerchiamo di evitare? Semplicemente non lo fanno, ossia continuano ad odiare e a voler procrastinare queste attività, ma, diversamente dalle altre persone, sono consapevoli che se prima fanno le cose che non amano fare, più avanti realizzeranno gli obiettivi che desiderano realizzare.

Teniamo bene a mente dunque: "Se fai le attività che non ami fare, realizzerai gli obiettivi che ami realizzare". Ma come le persone di successo, a differenza delle altre, sono arrivate a maturare questa consapevolezza? Ci sono riuscite perché hanno davvero uno scopo, e chi ha uno scopo fisso sa rimandare il piacere immediato per ottenere più in là i suoi obiettivi. Chi invece non ha uno scopo ben preciso, al contrario, rimanda il suo obiettivo per ottenere un piacere immediato.

A questo punto qualcuno di noi si starà domandando: "E provvedere a se stessi o alla propria famiglia non è uno scopo abbastanza grande per arrivare al successo?". Ebbene no, non lo è, poiché per l'essere umano è più semplice adattarsi ad una vita che non desidera davvero, piuttosto che sforzarsi di fare ciò che è – o sarebbe – necessario per ottenere la vita che idealmente desidera. Lo scopo sarà infatti abbastanza grande per noi solo se sarà anche emozionante; infatti, mentre i bisogni sono logici e materiali, i desideri sono carichi di emozioni. Se il nostro scopo sarà solo logico, dunque vuoto, smetteremo di perseguirlo non appena saranno stati soddisfatti i nostri bisogni. Se invece sceglieremo per noi uno scopo emozionante, un concentrato di sogni, continueremo a rincorrerlo finché non avremo soddisfatto i nostri desideri più grandiosi.

Finché viviamo, non dimentichiamoci allora che la grandezza del nostro successo è direttamente proporzionale alla grandezza del nostro scopo, e che potremo perseguire tale scopo solo se saremo capaci di formare la particolare abitudine di fare ciò che le persone comuni non amano fare.

Concludiamo infine il capitolo con esempi motivazionali di persone che hanno saputo superare la crisi ed arrivare alle vette del successo.

Joe Vitale

"Una cosa accade soltanto se ci credi davvero, ed è crederci che la fa accadere."

"La chiave è stare nel momento presente, con consapevolezza e gratitudine."

È un imprenditore e saggista americano, noto per aver preso parte al film The Secret. Ha vissuto un periodo di forte crisi, infatti era un senzatetto che dormiva un po' dove capitava. Oggi è un affermato autore di tanti best seller, con un patrimonio di qualche milione.

Chris Gardner

"Non permettere a nessuno di dirti che quello che desideri è irraggiungibile. Se hai un sogno, devi difenderlo. Se vuoi qualcosa, vai e prenditela. Punto."

Ha ispirato il bellissimo film La ricerca della felicità di Gabriele Muccino con protagonista Will Smith. Gardner ha vissuto la sua crisi personale in totale povertà e per giunta con un figlio a carico. Anche lui ha passato anni difficili come senzatetto, dormendo dove capitava, in aeroporti, parcheggi, sui mezzi pubblici, nel suo stesso ufficio, e pure in un bagno chiuso della BART. Oggi ha un patrimonio netto di circa sessanta milioni di dollari.

J.K. Rowling

"Non abbiamo bisogno della magia per cambiare il mondo: abbiamo già dentro di noi tutto il potere di cui abbiamo bisogno, abbiamo il potere di immaginare le cose migliori di quelle che sono".

Non possiamo non conoscerla. È la famosissima autrice di Harry Potter, il maghetto di fama mondiale, che ha conquistato grandi e piccoli. La Rowling ha raccontato più volte di aver vissuto varie crisi nella sua vita, prima su tutte quella successiva alla morte della madre, affetta da sclerosi multipla. Successivamente, sposò un portoghese ed ebbe una figlia nel 1993, ma sfortunatamente il matrimonio non funzionò e la Rowling andò a vivere a Edimburgo dalla sorella. Era una madre single e senza lavoro, e racconta di essere sopravvissuta in quel periodo solo grazie alle indennità sociali, in più soffriva anche di depressione. Prima di giungere al successo ha "fallito" diverse volte, essendo stata rifiutata da diversi editori, prima di trovare l'occasione che le ha cambiato la vita per sempre. Oggi la Rowling ha un patrimonio netto di circa 1 miliardo di dollari.

Og Mandino

"Come posso cambiare? Se mi sento depresso canterò. Se mi sento triste riderò. Se provo paura mi butterò nella mischia. Se mi sento inferiore indosserò vestiti nuovi. Se mi sento incerto alzerò la mia voce. Se provo povertà penserò alla ricchezza futura. Se mi sento incompetente penserò ai passati successi. Se mi sento insignificante ricorderò le mie mete. Oggi sarò padrone delle mie emozioni."

Una delle più belle storie di riscatto. Mandino voleva diventare uno scrittore, ma la morte della madre, avvenuta subito dopo il conseguimento del diploma, lo segnò in maniera profonda, tanto che abbandonò ogni speranza di mettersi a scrivere. Ci riprovò anni dopo, ma fallì ad ogni tentativo di vendere il suo materiale. Dopo queste sconfitte, trovò un lavoro come venditore di polizze assicurative e si sposò. Successivamente iniziò un periodo infernale per lui, poiché la sua famiglia cadde in una gravissima crisi economica, e lui si ritrovò con enormi debiti che lo fecero sprofondare sempre di più lontano dal suo sogno. Si abbandonò all'alcol, fu lasciato dalla moglie, e perse casa e lavoro, e a quel punto contemplò persino il suicidio. A questo punto racconta che vagabondando in una giornata gelida e piovosa entrò in una libreria per trovare calore e riparo, e fu lì che la sua vita cambiò, da quando iniziò a leggere libri motivazionali che gli diedero una carica inaspettata e gli consentirono di migliorare nettamente la sua vita. Da quel momento in poi, grazie alla sua consapevolezza e alla sua perseveranza, divenne prima direttore di una famosa rivista, e successivamente *autore*. I suoi libri motivazionali hanno venduto oltre trenta milioni di copie in tutto il mondo e sono stati tradotti in più di trenta lingue.

Conclusione

Riassumiamo un'ultima volta i punti salienti sulle abitudini analizzati in questo libro. Ti consiglio di leggerli ogni giorno, preferibilmente alla mattina quando ti svegli. Magari potresti anche incorporare la loro lettura nel tuo nuovo rituale mattutino!

- La nostra vita è costellata di abitudini.

- Dalle nostre abitudini dipende il raggiungimento degli obiettivi.

- Dal raggiungimento degli obiettivi possono dipendere il miglioramento della nostra vita e la nostra felicità, quindi le abitudini sono fondamentali per l'essere umano.

- Ad accomunare le persone di successo è l'abitudine di fare ciò che gli altri non amano fare.

- Per nostra natura, tendiamo a rimandare gli obiettivi per ottenere un piacere immediato. Solo chi ha uno scopo vero è in grado di rimandare il piacere immediato per conseguire i propri obiettivi.

- Il nostro scopo non può essere vuoto e razionale, deve essere emozionante.

Citando il grande Oscar Wilde: "Non voglio essere in balìa delle mie emozioni. Voglio servirmene, goderle e dominarle".

Ci sentiamo ora pronti a motivati a prendere in mano le redini della nostra vita, cominciando dalle abitudini positive, diretti con forza e vigore al cambiamento, ai nostri obiettivi, a cambiare la nostra vita?

Ora che sappiamo molto di più sull'argomento, abbiamo gli strumenti necessari per farlo, quindi diamo il via alla magia!

Consigli di lettura

Comunicazione Persuasiva: 2 libri in 1 - Il manuale completo per capire, persuadere e controllare le persone grazie al Linguaggio del Corpo e alla Psicologia Nera

Sei alla ricerca di un testo completo per diventare un maestro della Comunicazione Persuasiva?

Questo libro è l'unione delle due principali opere di successo di Vincenzo Colombo:

- **Psicologia Nera: manuale di persuasione avanzata e manipolazione mentale - come coinvolgere, convincere e persuadere**

- **Linguaggio del Corpo: Come capire le persone e i loro comportamenti attraverso la comunicazione non verbale**

Sarà un viaggio completo per comprendere appieno tutti i meccanismi che entrano in gioco quando si cerca di persuadere e controllare le menti altrui nel modo più efficace possibile.

Nel primo libro l'autore tratterà la **Psicologia Nera**, cioè l'arte di manipolare i comportamenti e le decisioni delle persone: riuscirai a influenzare e convincere chiunque, anche se non sei mai stato bravo con le parole.

Nel secondo libro sarà invece analizzato il **Linguaggio del Corpo**, per insegnarti a leggere cosa scorre nella testa delle persone anche soltanto guardandole in faccia. Dopo averlo letto, riuscirai a smascherare bugie e inganni nel giro di qualche secondo.

Ecco alcuni dei contenuti che troverai all'interno di questo manuale:

- Come prendere il controllo di una qualsiasi conversazione

- Come capire all'istante la personalità di chi ti sta davanti dal suo tono di voce

- Come persuadere chiunque usando le più efficaci tecniche manipolative

- Come capire cosa pensano gli altri di te

- Come vincere qualsiasi discussione, anche se non sei mai stato bravo con le parole

- Come riconoscere i segnali fondamentali che il corpo invia inconsciamente: scoprirai cosa può celarsi dietro un falso sorriso...

Questo manuale è l'occasione perfetta per poter avere un quadro completo della Comunicazione Persuasiva e riuscire ad emergere tra la folla, a comprendere istantaneamente il prossimo e a controllare qualsiasi conversazione. Utile sia nella vita di tutti i giorni, sia in ambito lavorativo.

Quindi, non perdere tempo. Inquadra il seguente QR-Code con la fotocamera del tuo smartphone per saperne di più (si aprirà la pagina del libro Comunicazione Persuasiva su Amazon.it).

CPSIA information can be obtained
at www.ICGtesting.com
Printed in the USA
LVHW010355231220
674889LV00005B/135